阿德勒論兒童教育——

個體心理學大師阿德勒帶你理解孩子的行爲、情緒與內在需求

Schriften zur Erziehung und Erziehungsberatung

Alfred Adler
阿爾弗雷德·阿德勒——著
彭菲菲——譯

■ 阿德勒作品集

CONTENTS

I 論教育者的角色

II 論兒童的教育問題

I

論教育者的角色

一九〇四年——作為教育者的醫生

編輯說明

首次發表：

1904：刊於《醫生職業時報》（*Ärztliche Standeszeitung*），奧地利醫師協會出版，由海因里希·格林博士（Dr. Heinrich Grün）主編，第三卷，第十三期第四頁、第十四期第三頁、第十五期第四頁。

再版資訊：

1914：《治療與教育》（*Heilen und Bilden*）第1-10頁。

1922：《治療與教育》第1-8頁。

1928：《治療與教育》第16-23頁。

本文與阿德勒早期針對社會醫學及公共衛生的論著（1898-1903）具連續性，同載於《醫生職業時報》。該刊編輯格林醫師為社會民主黨成員。值得注意的是，本文乃阿德勒首度援引佛洛伊德觀點，探討教育心理學議題。

「作為教育者的醫生」（Der Arzt als Erzieher）是一場由醫學界發起的社會運動，其核心成員主要來自小兒科與神經病理學領域。該團體自一九〇五年起發行同名期刊（參見Czerny 1908/1942；1995：第61頁起），並成為早期發展心理學與兒童心理學研究的重要平臺。此運動以「預防性教育」與「教育性心理治療」為核心理念，旨在回應當時被視為「社會流行病」的「神經質」（Nervosität）與「神經衰弱」（Neurasthenie）現象。阿德勒及其同儕將這些症狀歸因於意志薄弱、過度敏感及性格不穩定，主張透過意志鍛鍊、勇氣培養與行動力強化等系統化的教育，介入訓練方案予以矯治。

阿德勒系統性地列舉了與教育目標相應的生理與心理任務、教育工具，以及與兒童互動的具體方法。這些方法包含透過愛與讚賞培養勇氣、獨立性，以及「對自身能力的信心」；避免溺愛與過度保護，強調適度且具教育意義的懲戒（明確反對體罰，斥之為「野蠻行徑」）；嚴格禁止羞辱與強制服從，並將羞怯、膽怯與迷信定性為「反文化要素」。阿德勒的教育格言同時預示其後期理論的核心關懷——「克服弱點，增強自身力量」。正因如此，這篇論文在個體心理學的發展中占據了關鍵地位，亦是阿德勒在《治療與教育》專書中唯一收錄的早期著作。

若參照其後期理論發展，關鍵性的理論轉變多始於一九二二年。自此年起，他逐漸減少援引佛洛伊德，至一九二八年則完全揚棄懲罰作為教育手段之觀點。而關於手淫與羞恥感的關聯性論述，其實早在一九一四年便已從其理論框架中剔除。

作為教育者的醫生

教養問題始終是家長與教師面臨最艱困的課題之一。人們或許以為，歷經數千年的人類文明應已解決相關爭議，畢竟凡具備基本教育素養者，皆能將所學傳授予他人，並在清晰認知現有條件與目標的前提下，發揮建設性作用。但是此種想法實乃謬誤！我們從未如此深刻地體認到：自身觀點何其主觀，而我們的思想、願望，乃至整體生活方式，皆受某種至高意志所支配。教育者自身往往受制於一種近乎難以克服的衝動，試圖逐步將孩童納入自身軌道，使其不僅在行為舉止上，更在觀點與性格層面趨近於己。過往時代中，父母常奉「依循特定模式塑造孩童」為教育圭臬，此現象至今未絕。然而此實為謬誤！凡是未能覺察此種強制性者，必將受其桎梏。

我們無須深入觀察即可察覺人類特質的多樣性。每個兒童都是獨特的存在，某些童年特質甚至會延續至老年階段。事實上，我們在個體身上所見的一切——無論令人讚賞或反感——無非是其固有特質與外在自我呈現方式的總和。由此觀點觀之，教育者顯然無法徹底消除個體的原始特質，無論這些特質是否符合其教育期望。因此，教育藝術的真正可能性在於：激發或抑制特定傾向，或更切實地，將其導向符合社會利益的目標——此種轉化若缺乏適當教育或方法便難以達成。**佛洛伊德**將後者稱為「昇華」（Sublimierung），正是他揭示了童年經驗與發展歷程對常人及神經症患者的深遠影響。此種昇華作用，實為文化形成與發展之關鍵基礎[1]。

然而，這正說明並非所有人都適合從事教育工作。教育者自身的人格特質與心理發展程度，不僅關乎其自我完善，更直接影響其教育成效。理想的教養者必須具備理性客觀的思辨能力；作為洞察人類心靈高度與深度的專家，他必須能以敏銳的觀察力準確評估自己與他人的潛質及發展階段；同時，他必須能夠暫時擱置個人偏好，深入探究他人人格結構，從陌生的心靈中辨識出尚未充分發展的可能性。倘若能在萬人中尋得一位兼具此等天賦者，便可謂找到了真正適任的教育家。

當我們探討構成優秀醫生的核心特質時，所得結論與教育者本質相通。醫生必須具備冷靜客觀的思考能力，深刻理解人類心理機制，並如教育工作者般避免過度關注表層

1 一九二二年版刪除「佛洛伊德……基礎」。

現象。其首要任務在於保持對病理根源的專業敏感度，透過症狀的引導追溯疾病本源。更重要的是，醫生必須克服自我膨脹傾向——正如教育者須駕馭自身本性，憑藉邏輯思辨與專業直覺，辨識並激發患者內在的自癒潛能，促使這種生命力量覺醒與發展。

醫學專業與醫療科學蘊含著無可比擬的教育能量。此力量在預防醫學各領域皆留下深刻印記，更吸引當代最卓越的人才投身其中。醫師群體始終站在社會防衛的最前沿——無論是對抗酒精成癮或傳染病蔓延。當梅毒等危害民族健康的疾病肆虐時，正是醫界率先發出警世宣言。在結核病特效藥尚未問世之際，唯有透過醫師群體持續的衛生宣導與耐心規勸，方能抵禦這股死亡潮汐。至於嬰幼兒死亡率此等長期被宗教神聖化、實則近乎野蠻的社會痼疾，亦因醫學科學的光芒而獲得正視。我們熱切期盼學校衛生改革的成效早日顯現，並掙脫官僚體系對醫學教育的桎梏。我們每日都會收到民眾諸多珍貴建言，其中部分未能實踐的癥結點在於：教育事務與公共福祉的決策權，終究掌握在行政機關而非醫界手中。

在兒童身體教育領域，醫師承擔著不可推卸的專業責任：無論是營養的質與量、學業負荷調配、休息與遊戲安排，抑或運動與體能鍛鍊等事項，均應納入醫師的專業監管範疇。監測兒童生理發展進程並及時介入異常狀況，實為醫師核心職責所在。須特別強調的是，醫學在此領域的終極準則，乃在於守護健康兒童免於疾病威脅，其範疇遠超越單純的疾病治療。

心理訓練與身體教育實為不可分割之整體。儘管醫師鮮少有機會對心理層面直接介入，然其臨床經驗所累積的客觀性與方法學嚴謹度，恰能為此領域提供重要參照。**普雷耶**（Preyer）奠基性著作《兒童的心理》（*Die Seele des Kindes*）[2]已為此積累了充分實證基礎，實為教育工作者必讀之作。雖其理論體系未臻完備，然書中豐富的觀察材料，足供吾輩系統性地檢驗與評估個體經驗。**卡爾・格魯斯**（Karl Groos）《論兒童的心理世界》（*Über das Seelenleben des Kindes*）[3]亦具同等學術價值，該著作尤其能引發心理學專業者的研究興趣。須特別說明的是，此二著作皆非以改革公共教育制度為旨歸——畢竟此等宏願面臨諸多結構性限制。或許我們需要效法**佛洛伊德**[4]，透過突顯早期童年經驗異常所導致的悲劇性衝突，方能使社會真正意識童年教育之關鍵地位。

一般而言，兒童的心理發展是在缺乏明確規範的家庭環境中形成的。由此我們或可

---

2 阿德勒原注：第四版，萊比錫，Th. Griebens 出版社（參照普雷耶〔Preyer〕一八八二年著作）。

3 阿德勒原注：柏林，Reuther & Reichardt 出版社（Groos 1904）。

4 阿德勒原注：參見佛洛伊德《夢的解析》，Deuticke 出版社，維也納（Freud 1900）。

理解，為何許多傑出人物成長於比當代任何教育模式都更「缺乏系統性教養」的條件下。然而，若未能深入掌握兒童心理的本質，便難以克服教育中的諸多困境。下文將探討幾個反覆出現的核心問題——我們認為醫師在此領域應具備專業發言權。

眾所周知，兒童教育實始於胎教階段。醫師有責任告知夫婦：唯有身心健康者方適合生育後代。同時他們必須嚴正指出，酗酒、性病、癲癇、結核病等疾患不僅危害婚姻關係，更可能對後代造成負面影響。此外，孕婦的身心照護絕不容輕忽，而母乳哺育的重要性亦不可忽略。

紀律與清潔在養育嬰兒中扮演關鍵角色。若持續順應嬰兒啼哭時的飲食需求，將最易造就任性哭鬧的孩童——這類孩子未來會因缺乏耐受挫折的能力而頻生不滿。此外，清潔習慣的培養實為文明教化的重要根基：自幼習於身體潔淨者，日後對污穢環境亦將自然產生排斥。

忽視體能教育是現今的普遍現象，但它會反噬身心健全。二者之關聯性尤須正視：健全軀體之發展，往往與健康心理之成長互為表裡。體質孱弱的孩童，極易喪失心智發展中最關鍵之支柱，即對自身能力之信心。此現象在受溺愛與過度保護兒童身上尤為顯著，他們習慣迴避周遭環境對身心的一切要求，或佯裝病痛、或將不適症狀誇大到難以承受的程度。因此，教育絕不可偏廢體能訓練，舉凡跑步、跳躍、游泳及戶外遊戲等都很重要。這些活動不僅賦予孩童自信，更會表現在個人勇氣與力量上。況且，受到這些豐沛能量滋養的孩童，日後不會步入歧途。

當面對智能障礙、聾啞或失明等兒童發展議題時，醫師的職責在於釐清缺陷的具體程度，評估治癒或改善的可能性，並根據個體差異制定專屬的治療與教育方案。

愛是最關鍵的教育媒介。唯有透過愛的行動與感受，真正的教育才得以落實。我們反覆觀察到：兒童會特別關注其所愛慕的對象，主動模仿其言行舉止、表情神態，乃至語言模式。這種愛不容小覷，因為它正是教育得以實現的基礎。而這種愛必須均衡來自雙親，任何排除父親或母親一方的狀況都應避免。父母間的衝突或對彼此教養方式的批評，絕不該讓孩子察覺；對特定子女的偏愛更須隱藏，因這將立即引發強烈妒意——尤其當制止年長孩童對新生手足的嫉妒時尤為困難，此類情緒往往會以隱晦形式表現。另一方面，過度熱切的愛亦須節制。儘管父母可能從中獲得自我安慰，卻會嚴重阻礙兒童的獨立性發展。此時，應將愛的能量導向具倫理價值的目標：鼓勵孩子透過努力與勤奮達成成就，如此才能維持教育的平衡性。

任何將子女教養責任委諸保母、家庭教師或寄宿學校（Pensionaten）的父母，必須正視這種責任轉移的根本性風險。我們有充分理由質疑家庭教師能否真正替代父母的教養功能？更值得商榷的是她們對兒童身心發展問題的覺察能力——無論是潛在的疾病徵兆或顯著的人格缺陷。這些教育者本身往往深陷於怯懦、怨懟與自卑的生命困境，她們既難以引導女童的心理發展，對男童的教養更顯力不從心。

懲罰始終是教育過程中難以迴避的課題，但其正當性僅存在於「引導兒童行為改善」[5]。在現代法治社會，體罰已被明令禁止，這種野蠻行徑理當遭到唾棄。那些仍抱持「不打不成器」觀念的成人，恰恰暴露了自身教育能力的欠缺，根本不應涉足教養工作。假若必須實施懲戒，其作用應嚴格限定於幫助兒童明確辨識錯誤行為、理解行為規範的界限，並透過溫和而無害的剝奪，引導兒童關注更具建設性的事物。暫時取消他們與父母共餐的權利、簡明扼要的嚴正告誡，或以眼神傳達不認同的態度，這樣應該就足夠了。唯有在孩童持續拒食等極端情況下，方可採取禁止食用點心等較嚴厲措施，但須注意的是，僅限於特殊狀況，且持續時間必須嚴格控制[6]。我們必須強調，禁閉處分與體罰同屬野蠻手段。這類嚴苛懲戒對兒童性格的負面影響，實與少年初犯入監所受的扭

5　一九二八年版刪除「懲罰……改善」。
6　一九二八年版刪除「假若必須……嚴格控制」。

曲效應無異。更值得注意的是，即便是輕微的懲戒措施，若施行過於頻繁，同樣會對兒童自尊造成累積性的傷害。侮辱與苛責往往扼殺了教育的最佳契機。與所有過度的管教手段相同，孩童很快會對此產生麻木，甚至將這種粗暴對待視為人生常態而逆來順受。反之，孩童對讚賞與鼓勵的敏銳度超乎想像——但須謹記：過度的褒揚同樣潛藏危機。當孩子習慣將每個微小舉動都與獎賞掛鉤，便可能淪為「讚美成癮者」，不斷索求即時性的外在肯定。真正的教育者必須具備遠見。我們培育的不僅是為了明天，而是為長遠的未來。更關鍵的是，要讓孩子在成長中深切體悟：父母既是秉持公義的裁判者，更是永不缺席的守護同盟。

在兒童常見的受罰行為中，「孩童式固執」與「說謊」最具代表性。針對幼兒期的固執表現，我們應以溫和警示予以引導。因為此階段的固執實為獨立意識的萌發，本質上屬正向發展徵兆；然而，假若對其獨立性過度褒揚，有可能會反轉化為負面特質。至於年長兒童及成人的習慣性固執，則會成為人格發展的阻礙，此時唯有透過平靜闡明固執行為的實際危害，才能有效制止。關鍵在於，絕不可將後果歸因於超自然力量（如「天譴」），因為這樣的舉動將會模糊兒童對行為與後果因果關係的認知。從這個角度來看，即使是固執的人，其獨立性的發展也可能受到阻礙。觀察顯示，約半數人群傾向「總是順從」，另半數則「習慣否定」，這兩類人的態度本質與性格缺陷實具高度同構性。

孩童說謊始終是最令人費解的教育難題。須知我們本就生活在充滿謊言的社會，對幼兒的謊言實無須過度反應。嚴格而論，幼兒階段的說謊行為幾乎不具實質危害——初始的謊言往往只是無特定目的的文字遊戲，不帶任何惡意；稍長後出現的幻想性謊言，亦不應視為異常，這多數是奇幻讀物與童話故事[7]浸染下的自然產物。此時只須溫和引導其認識現實，以真實的故事、自然歷史、遊記見聞替代虛構刺激，佐以適度體能活動[8]，此類行為便會逐漸消弭。迨兒童心智更趨成熟，其說謊動機將就變得較明顯，主要是虛榮、自利或恐懼等典型因素，唯有從根本抑制這些心理驅力，才能真正杜絕撒謊。

若因恐懼或羞恥而說謊，這本質上就是教育失敗的徵兆。因為在任何情況下，孩童都不該對其教養者心存畏懼。我們更不應要求孩子配合隱瞞真相、參與謊言或偽裝行為。尤其須警惕那些威脅性言語——例如「你等著！我非告訴你父親不可！」——這類話語只會強化孩子隱瞞與說謊的傾向。某些父母誤將「逼迫悔過」視作誠實教育的手

7　一九二二年版增補：「而且是過度膨脹的虛妄自大（Großmannssucht）或支配癖（Herrschsucht）更顯著外化的結果」。

8　一九二二年版增補：「正如『優勢追求』（Plusmacherei）此一心理機制所示」。

段，殊不知這反而促使孩子築起祕密的高牆。事實上，成人的身教示範才是對抗謊言最有力的武器。任何形式的對質與強迫道歉，其副作用不亞於變相鼓勵欺瞞；唯有源自真心的悔悟，才具教育意義。要根除說謊習性，最根本之道在於培養勇氣：讓孩子從內心蔑視謊言，將其視為不可妥協的人格缺陷。

孩童的順從不應透過強迫達成，而必須是教養過程中自然形成的結果。教育者應盡可能地維護兒童的自主決策空間。事實上，沒有比反覆說教更拙劣的教育手段。但是，當情境確須服從時，我們則必須使孩童理解其必要性，從而獲得其自發性的配合。這意味著：所有晦澀難懂的命令都應避免，不公正的要求更須禁絕——因為這兩者都會侵蝕孩童對父母的信任。同理，應避免那些空洞且不可實際的威脅。當孩童在手足或同儕互動中遭遇不公待遇時，若能藉此機會向他們展示「公平對待所有人」的價值，這些經歷反而可能成為有益的教育契機。

教育者本質上肩負著促進兒童良知發展的關鍵使命。其核心任務在於引導孩童理解內在心理動力與外在行為表現的連結，以此防範自我偏離或受外界誤導。我們常見的典型案例是那些表現出過度膽怯、敏感，乃至病態羞怯的兒童。這些孩童既難以專注課業，亦無法投入遊戲。他們如同沉浸於幻想世界，任何聲響都能將其驚醒；當與他人目光相遇時，他們會本能地閃避。這種在社交場域、學校環境（特別是面對醫生時）持續強化的羞怯反應，最終驅使他們逃離人群、陷入孤立。值得注意的是，大人再嚴厲的訓誡非但無法緩解此狀態，反而會加劇羞怯反應，導致發展潛能的持續耗損。然而，此類退縮行為本質上屬於「反文化傾向」（kulturwidrigeres Element），而且，其行為模式往往呈現出某種「被迫性」特質。

若有必要，我甚至能將最暴戾的男孩塑造成出色的屠夫、獵人、昆蟲標本採集者，乃至外科醫生。怯懦者注定在文明進程中居於劣勢。當我們成功揭示這類孩童羞恥感的根源——不難推測，正是手淫[9]——便能挽救其脫離終生困於自我防衛的孤絕境地。這些通常介於八至十五歲之間的[10]孩子，往往經歷過自咎和自責[11]的苦澀時期。由於對外部世界認知匱乏，加上父母未能體察，他們終日惶恐天譴懲罰[12]。然而真正的癥結——手淫行為始終未消，只是隨著時間的推移，孩子已遺忘兩者的關聯，通常也再無能力自行建立其中的因果認知。如果能明確指出此根源，並為孩子清晰重建行為與後果之鏈結，

9 一九一四年版刪除「不難……手淫」。
10 一九二二年版刪除「通常……之間的」。
11 一九二二年版將「自咎和自責」修訂成「自卑感」。
12 一九二二年版將「天譴懲罰」修訂成「無能被揭露」。

就有可能對病因及其衍生後果有效干預[13]。

　關於此議題，有以下關鍵要點須特別闡明：首先，在任何情況下——包括兒童遭遇性猥褻的極端案例——我們都不應使孩童對性產生恐懼。此類恐懼非但無助於培養正視困境的勇氣，反而會摧毀其自信心，導致嚴重的認知混亂。那些被植入恐怖意象的孩童，往往會轉向尋求宗教庇護[14]，以致到了成年，在面對各類問題時重複相同的逃避模式。其次，孩童的自信心（即其勇氣）是最珍貴的心理資產。具備勇氣的孩子不會消極認命，而能運用內在力量主導自身命運。第三，不可壓制孩童與生俱來的求知欲。多數兒童會經歷「質問期」，此時成人絕不應將此視為挑釁行為[15]，因為這些提問實則反映孩童對存在本質的困惑，終極追問不外乎：「我從何而來？」[16]對此，人們應盡可能誠實回應。即便問題顯得荒謬，也須讓孩子感知到被理解。當涉及生命起源的終極提問時，應依據其認知發展階段，藉由植物或低等動物的生命週期進行類比解釋。此種啟蒙方式

13 一九二二年版修訂「如果……干預」成「器官劣勢乃形成羞怯氣質的常見根源，此類個案往往已發展出生理代償機制；然過度嚴苛或嬌縱的教養方式，同樣可能誘發羞怯傾向。這類兒童的心理發展易受扭曲，不僅將生活挑戰誤判為威脅性存在，更傾向以敵意視人，形成自我中心的處世態度」。

14 一九二二年版將「尋求宗教庇護」修訂成「迴避人生的問題」。

15 一九二二年版將「視為挑釁行為」修訂成「單純視為擾人行為」。

16 一九一四年版增補：「以及該往何去？」

將為未來理解一元論自然觀（monistische Naturanschauung）[17]及有機生命的普遍聯繫，奠定重要基礎。

另一方面，必須避免過早喚醒性意識。根據佛洛伊德的研究，此乃預防精神官能症的關鍵所在[18]。現今我們已認知到，人類的性衝動（Sexualtrieb）早在幼兒階段便已存在。無論是無心或刻意的舉動——諸如衛生習慣不良、放縱有害習癖導致的病態變化、嬉戲時的肢體接觸、吸吮動作，乃至某些兒童常見的遊戲行為——皆可能引發性興奮的提早激化。由於兒童天生具備敏銳的觀察力與追根究柢的特質，必須嚴格將孩童臥室與父母寢室區隔。我們雖可認同男女同校制度，但須嚴正提醒：兩性相處界線絕不可輕忽。當孩童逐漸察覺父母婚姻關係中的矛盾時，此認知尤其可能造成心理創傷。此外，針對父親或母親產生的嫉妒情緒，務必在早期階段及時辨識，方能實施適當的矯正措施。

在所謂的叛逆期——亦即青春期階段，青少年往往會與父母，乃至周遭環境產生一種獨特的疏離感。此時的他們表現出嘲諷態度與多疑不安的特質，而男孩尤其容易對權

17 一九二二年版將「一元論自然觀」修訂成「宇宙相對性」。
18 一九二二年版刪除「根據……關鍵所在」。

威抱持否定性質疑。這些現象顯然與性問題的理解及性意識覺醒[19]有密切關係[20]。在此關鍵時期，唯有那些真正贏得青少年信任的教育者方能勝任引導之責。這同時也是最佳的性啟蒙階段，而此任務宜由父母、年長友人或醫師以親切友善的態度來進行。身為青少年顧問的教育工作者，此刻肩負著一項重要使命，就是善用這段質疑權威、反抗不合理規範的心理發展期，透過如實的內容來緩解孩童的負面情緒[21]。

19 一九二二年版增補：「隨著個體獨立性與性成熟階段的到來而產生的」。

20 一九二二年版增補：「，且常會逾越必要目標而過度激進。」

21 一九二二年版增補：教育必須以培養**社會**適應力為核心。家庭與學校縱然時遇阻力，仍須自發遵循此原則。任何偏離此教育方針的行為，都將使孩子未來面臨職業、愛情與社會適應的困境，因此，唯有具備成熟社會情懷者，方堪任教師與教育者之職——那些固執己見者、極端個人主義者、自私者、宿命論者，尤其是堅信「不可逆遺傳決定論」之人，只會造成危害。同樣地，那些墨守理論教條、無視社會實際需求而按自身框架施教的一元論者，亦不適任。

一九一二年——

論親職教育

編輯說明

首次發表：

1912：《教育學和學校政策月刊》（*Monatshefte für Pädagogik und Schulpolitik*），第四卷，第八期（八月號），第225-236頁。

再版資訊：

1914：《治療與教育》（*Heilen und Bilden*），第115-129頁。

1922：《治療與教育》，第88-98頁。

1928：《治療與教育》，第110-121頁。

這篇教育學論述是阿德勒基於其迄今理論思考的成果，其中精神分析的背景已僅隱約可見。阿德勒探討了教育者與父母所持的問題態度與行為，這些態度與行為受潛意識想法與期待所驅使，並可能導致兒童出現精神官能症傾向，或表現為「陽性抗爭」的叛逆行為。他認為問題的核心在於：過度的權威、潛意識中對孩子的排斥、對子女的偏愛或冷落（如「寵兒」與「灰姑娘」現象），以及重男輕女的觀念。阿德勒從現實生活的角度，生動描繪這些潛意識態度及其對兒童的負面影響，同時以批判視角納入社會背景的探討。

主要的修正是在一九二三年。

論親職教育

我不確定是否還有教育者相信，僅憑說教就能產生矯正的力量？從過去豐富的教育經驗來看，人們多半會對這個問題給予否定的答案。然而，我們也不能忽略人類心理中存在著足夠多的謬誤根源——以致某些人雖然在意識層面反對純粹說教式的教育，卻可能因某種自負心態而高估自己言語的重要性，最終反而退化成說教而非真正的教育。

然而，兒童早在生命初期便顯現出對教育者言語權威的抗拒傾向。由於這類攻擊態度往往源自個體對環境的對立感知，而我們對此過於習以為常，以致忽視其反抗本質。但若能密切觀察兒童的「攻擊性」[1]，將培養出關鍵的洞察力——理解兒童為何持續體

1 阿德勒注：欲了解此觀點之細節者，可參閱本人以下著作〈生活與精神官能症中的攻擊性驅力〉（Der Aggressionstrieb im Leben und in der Neurose），載於《醫學進展》（*Forschritte der Medizin*），一九〇八年（Adler 1908b）；〈生活與精神官能症中的心理雙性現象〉（Der psychische Hermaphroditismus im Leben und in der Neurose），同前，一九一〇年（Adler 1910c）；〈兒童對溫柔的需求〉（Das Zärtlichkeitsbedürfnis des Kinder），載於《教育學與學校教育學月刊》（*Monatshefte für Pädagogik und Schulpädagogik*），一九〇七年（Adler 1908d）；〈反抗與服從〉（Trotz und Gehorsam），同前，一九一〇年（1910d）；《論神經質性格》（*Über den nervösen Charakter*），Wiesbaden，一九一二年（Adler 1912a）。此注出現於一九一四年版。

驗與環境的對立，並試圖發展逆向的行為模式。同時（在排除器官缺陷的前提下），我們不難發現：所有所謂的童年期損傷與心理發展遲滯，實質上都可溯及個體主動對抗環境卻遭遇失敗的經驗。這些不斷干擾家庭與學校生活的現象——包括對立行為、易怒傾向、對手足與成人的嫉妒、殘酷行為與早熟表現，乃至恐懼、羞怯、膽小與說謊等特質——無非都是兒童環境敵意增強的具體展現。此外，語言障礙、飲食睡眠失調、遺尿，以及歇斯底里與強迫症狀等病理性表現，亦應被理解為此種對立姿態的變體。

若有人想即刻驗證上述論點的正確性，只須觀察孩童鮮少對成人「唯命是從」，更少對訓誡產生實質回應。或許更具啟發性的，是所謂「**反效果現象**」（gegenteiligen Erfolges）的出現。

事實上，要透過命令其反面的方式（Anbefehlen des Gegenteils）來引導兒童或成人走上正途並非難事。然此舉不僅會危及社會情懷的建立，更無助於培養獨立判斷的能力；況且，「消極依賴」（negative Abhängigkeit）的危害猶勝單純的服從。

在探究「誤入歧途的進取心」（missratene Aggression）的矯治方針時，我們可迅速歸納兩項要點：**首先，唯有關愛（Liebe）[2]才能緩和孩童與環境間的自然對立。此種對立**

2 一九二二年版將「關愛」修訂成「社群情懷」。

因孩童對追求認可的強烈動力（Geltungsdrang）而更形尖銳，因此我們須在文化規範允許的框架內，為其動力預留舒展空間——透過對未來的樂觀展望，以尊重與溫情的引導[3]來實現此境。

所以，凡提筆論教育者，皆當以此為誡。更須明瞭：成人世界中的種種心理表徵，無非是早期教養環境的延續，只是伴隨的是更嚴重的後果及個人危害。作為理念的倡導者必須認知到：自己的主張甫開端便遭激烈反對，便是被虛應聆聽後旋即遺忘。我們的精神生活已高度神經質化——就像歷史學家**蘭普雷希特**（Lamprecht）所言，處於**過度敏感狀態**，以致任何具啟發性的見解，都可能招致激烈駁斥。而這尚屬樂觀情境，因為當作者與讀者間達成某種脆弱平衡時，某些認可也悄然浮現。此情形尤其見於教育工作者，於醫護領域亦復如是。他們對社會貢獻的果實，總須時日方能成熟。畢竟，這世上誰不自以為是天生的教育家或醫生，從而恣意對孩童與病患妄加干預？

最適切的方式是從孩子身上學習如何給予父母建議。首先，對於孩童表現出良善與聰慧的特質應予以認可，但須避免過度讚揚。我們教育工作者亦能察覺，多數家長已逐

3 一九二二年版增補：「，在不破壞社群情懷的前提下」。

漸揚棄既定成見轉變為更敏銳的觀察者，且鮮少再將軍事化訓練視為教育手段。家長對於兒童福祉的關注程度顯著提升——除非極端貧困扼殺了父母的教養熱忱與理解力，割裂其親子連結。當代社會較過往更重視體能鍛鍊，已能辨識頑疾與普通病症的差異，在兒童衛生保健方面力求符合現代標準，並逐漸破除對體罰的迷思，開始質疑「懲戒能強化孩童道德觀念」的傳統說法。

然而，教育工作者不應以權威姿態自居。我們必須坦承，當前的教育科學尚無法提供普世適用的準則。這門學科本身仍處於發展階段，遠未達至完備。更重要的是，我們所擁有的最佳方法不是靠臆想或虛構，而是根植於客觀觀察。此外，教育學無法像科學那樣學習，只能作為一門藝術來掌握——其本質更接近藝術，也就是說，有些人可能先成為藝術家，而後才成為學習者。[4]

「良好教養的培育工程」（Werk der guten Kinderstube）（此處感謝一位聰明母親提出這個說法）[5]將成為伴隨終生的資產，為個體發展奠定穩固基礎。天下父母孰不願為子女築就此等根基？答案自然是肯定的。然則，雙親教養立場的分歧及潛意識中片面迎合

4 譯注：這說明優秀的教育者往往先具備「理解人性」的藝術家特質，之後才透過系統學習充實方法。
5 一九二二年版刪除括號內的內容。

父母自身願景與期待的傾向，恰是破壞兒童人格和諧發展的關鍵要素。本文將就此深入探討。

有多少次，我們不曾遇見父母雙方或其中一方在心智發展上仍顯稚嫩！這裡所指的並非智力層面的成熟，而是社會性成熟——是否具備社會適應力，以及對子女發展歷程與新生活型態的敏銳覺察。光是孩童日間的校園生活與同儕互動，便足以形成內在衝突，使其對父母的敬重日漸消褪。若父母強行維繫這份敬重，孩子往往會走向公然反抗或陽奉陰違。當孩童不斷目睹父母處事失當，他對追求優越的渴望（Geltungstrieb）便會轉化為抗爭的執念：凡事皆要與父母對立！在極端案例中，我們能輕易從孩童的舉止中讀出這樣的訊息：「**父母豈能總是對的。**」而父母慣於沉浸過往的姿態往往阻礙其前行；他們往往固著於教條與過時的教養模式，這是在生活奮鬥中逐漸將自我與家庭孤立化所導致的結果。當今社會的步伐已將他們拋在後頭；他們被禁錮於舊式教養傳統中，直到孩子從學校帶回新穎思想，並日益強烈地意識到自身與父母的對立，乃至價值觀的深刻分歧。在家中備受推崇的「天才」，在學校卻因頑皮行徑被視作粗野愚昧；於家庭遭冷落的孩子，反在師長同儕間獲得關注。更有孩童以同儕的理解與師長的包容，取代了傳統家庭缺乏溫情的環境。當這類矛盾情境反覆出現，終將使孩子陷入長期的不安[6]的感覺。

早期教養模式與社會發展之間必須保持協調一致。因為那些必須在學校與外部環境中被迫調整適應的兒童，當遭遇截然不同且難以預料的困境時，往往最容易受到傷害。父母或許能勉強使孩子完全順從，代價卻是扼殺其自主性。然而學校環境與同儕群體——更遑論成人社會——恰恰會對這種無助與依賴的特質產生強烈排斥：他們不是摧折這些弱者，就是迫使他們在受創後覺醒。此時，那些原先被壓抑的反抗意識往往會失控爆發，最終以各種偏差行為的形式宣洩出來[7]。

當家庭的孤立性滋養出這類教育謬誤時，人們或許以為僅須簡單指正便足以導正。然實情遠非如此！仔細觀察發現，父母（或至少其中一方）往往無法擺脫其潛意識中對社會的既定態度，又會不斷試圖在家庭內部索取外界所拒絕承認的權威地位。這種行為模式究竟多頻繁地演變為顯性或隱性的專制暴政，後續罹患精神官能症兒童的病史便是明證。常見情境包括：父親因恐懼自身的原始本能而過度壓抑，繼而過度熱切地防堵子女顯露相似傾向；或母親沉浸於未實現的青春幻想，將子女異化為其未獲滿足的情感依

6 一九二二年版增補：「或安全」。
7 一九二二年版增補：「或是萌發怯懦與羞怯」。

附或情緒波動的祭品。更甚者，當父親被迫放棄畢生追求的理想，便會以焦慮性的急促驅策兒子代償其人生缺憾；而某些母親則將自我角色膨脹為子女的過度保護者，即便子女早已成年仍亦步亦趨、持續監控，刻意培養他們的恐懼與怯懦，並將子女每一次的自主意志都悲嘆為危險信號——這一切或許僅是為了證明自己「不可或缺」，又或藉「為了孩子」之名，勉強維繫其情感空洞的婚姻關係[8]。

以下我將嘗試闡述幾種典型情境。我們總會遇見這樣一類父母——**他們試圖透過過度矯飾的教養手段，來逃遁自身的不安定感**。整個人生都充斥著精心構築的「**安全防衛傾向**」（Sicherungstendenzen）[9]。這些傾向不僅滲入其教養方式，更使子女同樣陷入不安與病態**陰柔特質**（weibisch），正如父母自身的狀態，並埋下「陽性抗爭」激烈反應的種子。這種反應可能會激化貪吝、野心、妒恨、虛榮渴求、反抗、報復欲、殘虐性、性早熟及犯罪衝動的失控滋長。儘管其教養成果持續崩解，這類父母仍自詡為天生的教育者。他們往往維持著表面的合理性：已將所有細微的可能性納入考量範圍。唯獨遺漏了

8 一九二二年版增補：「，或只是為了避免繼續懷孕生子」。

9 阿德勒注：神經科醫生必須將他們歸類為「神經質患者」，無論他們是否正在接受治療。他們過度敏感，害怕被貶低和出醜，這些特質引發了上述提到的「安全防衛傾向」，這正是我一再強調的精神官能症的核心特徵。

最關鍵的一點——培養孩子的勇氣與自主行動力，在子女面前卸下「永不犯錯」的假面，為其讓出成長通道。他們帶著連自身都未能覺察的頑固私欲，橫亙於子女的發展之路上，直至子女被迫踏越其障礙。

有時，他們會隱約覺察到自己的挫敗。這種時刻，他們往往將這種「厄運」歸因於某種超越自身理解的力量，並隨即陷入消極放棄。在處理這類案例時——須謹記我們面對的是神經質傾向的個體——必須審慎介入。他們慣於將專業建議感知為對自我的貶抑。更有些父母會以巧妙手法[10]促成教育建議失效，藉此使醫師與教育者難堪。唯有憑藉細膩的同理心，以沉著態度預先辨識親子雙方可能遭遇的心理阻抗，方能確保介入成效。

現在讓我們轉向這些典型模式，探討親職教育的核心課題。

1. 權威過度對兒童的傷害

我確信人類心理本質上無法承受持續的屈從狀態——這種屈從絕非指向自然法則

10 一九二二年版增補：「，通過暗中抵制，」。

（人們總試圖以計謀與暴力來征服自然），更不應存在於愛和友誼，尤其不該出現在教育情境中。在這場追求自由、獨立與**優勢地位**的奮鬥中，顯然展現了那股驅動全人類邁向光明的強大動力。即便最虔誠的聖徒也經歷過內心反叛的時刻，而人類對自然力量的匍匐崇拜，終止於有人從神明手中奪取雷電的瞬間，終結於集體智慧築起抵禦狂濤怒浪的堤壩、以智謀贏得主宰權的時刻。

透過精確的個體心理觀察，我們得以揭示這種「**向上驅力**」（Drängen nach oben）的根源：當孩童在所處環境中**感知**自身渺小或脆弱時，其追求首要地位的心理傾向、急迫性與貪欲便愈發強烈；而當面對教育者時產生的自卑感與不安全感愈深刻，其渴望戰勝困境以獲取肯定與實現安全的心理傾向就愈激烈。每個孩子都帶著這種「不安全感」的心理特徵，並在終其一生的性格發展中，持續顯現出他們當年試圖自我保護的補償軌跡。這些性格表徵時而呈現為主動型態，時而顯現為被動型態。我們可將反抗、勇氣、憤怒、支配欲及求知欲視為「**主動的安全防衛傾向**」，此乃兒童為避免失敗與「**劣勢處境**」所建構的心理防衛系統；而在**被動安全防衛傾向**中，最顯著的則是焦慮、羞恥、膽怯與順從。此現象恰似有機體（如植物）的成長模式：某些個體勇猛地突破一切阻力向上生長，另一些則畏縮地匍匐於地，但終究在遲疑中攀附著緩慢崛起，因為它們的終極目標皆指向太陽，指向更高處。兒童的有機體發展與其心理層面的「追求認可的強烈動力」之間存在著本質性的對應關係，絕非偶然。

誠如所言，這世上存在著某類父母——或許我們多少都與他們相似——其心理發展並未真正成熟。他們的成長在某個節點遭受壓抑、挫敗而扭曲變形，卻仍潛藏著強烈的向上推力與渴望。外在社會拒絕給予他們應有的重視，於是家庭便成為其權力意志的絕對領域。這些父母是最激進的權威捍衛者——正如所有權力維護者的共性，他們所捍衛的從來只是自身權威，絕非他人。他們未必總以暴君面目出現（儘管潛藏這種傾向），更擅長運用阿諛奉承與心理操控來維持支配。他們總是滿口原則與規條，事事都要顯得比別人懂得更多。他們的優越感必須時刻彰顯，而其他家庭成員則被嚴格要求在外人面前維護這位掌權者的榮耀與地位。對外必須始終展現家庭生活最光輝的表象，其餘所有關係都須以謊言與偽裝維繫。子女心智與體能的進步，都被異化為替父母增光的工具；學校裡微不足道的過失、童年無害的淘氣行為，皆被扭曲為弒親般的重罪而遭受無休止的追究。於是這類父母終生扮演著專制君主、絕無謬誤的教皇、審判官與世俗哲人的複合角色，迫使孱弱的孩童陷入注定徒勞的競爭循環。持續的羞恥感、懲戒、否定及報復念頭的折磨，使孩童逐漸喪失生命勇氣，或遁入頑抗之境。教育者的權威形象持續縈繞著成長中的少年，恫嚇與索求不斷撩撥其罪惡感與良知，但最終僅能換來伴隨怒火的怯懦屈服，或是夾雜悔恨的倔強反抗。

孩子往後的人生便在這般矛盾中流逝。其行動力將遭受癱瘓；那些被強加的限制，在他感知中變成難以承受之重。這類人在成年後極易辨識：他們表現出**顯著的半吊子**（Halbheiten）特質，總有兩股相悖的衝動在爭奪主導權，這種持續的內在**矛盾**時而表現為對行動的**恐懼**，時而又轉化為**強迫性**行動。此類人的典型類型，即是**心理雙性**狀態——注定永遠處在**進退維谷**的懸置狀態[11]。

2. 生育恐懼對兒童發展的阻礙

誰能忽視父母在生育孩子時所面臨的重大責任呢？他們會擔心收入及自身能力能否勝任。更不用說孩子的疾病、身體畸形和發育不良，所帶來的痛苦一樣會折磨父母。此外，有些父母會因為個人曾有的宿疾或家族病史，而擔憂自己的孩子會罹患精神官能

11 一九二二年版增補：「，並且恐懼一切可能被感知為強制性的人際關係。」

症、精神疾病、肺結核和眼耳疾病等，容易成為殘障者、智能不足者，甚至走向犯罪。而母親又可能因分娩的艱辛、育兒的勞累與哺乳的壓力而崩潰。一個人該背負如此沉重的罪責嗎？我們有權利讓孩子暴露在危機四伏的未來中嗎？

這類反對意見往往展現出令人不安的犀利思辨。然而必須指出的是，上述諸多問題至今仍未獲得確切解答。

正因如此，它們特別適合作為威嚇手段的藉口。當這些本應**透過社會化途徑解決**的問題，被局限在家庭框架或私人層面處理時，必然會造成發展性損害。僅須指出禁欲行為所伴隨的沮喪與需求匱乏感便足以說明。同樣值得考量的是，某些避孕措施的實施要求，可能加劇原本就具有神經質傾向者的症狀。不僅如此，試圖避免生育者往往是那些過度謹慎的個體，他們會構築整套安全防衛機制，使其謹慎特質持續增生並蔓延至所有人際關係。當這類夫妻還未有孩子時，安全防衛傾向導致他們以灰暗視角看待自身處境。他們甚至可能終日沉浸於罹患各種疾病的妄想中，藉此合理化自身對健康狀態的過度擔憂。而對舒適與享樂的過度追求，不僅強化了自我中心傾向，更形成一道難以跨越的心理障礙，徹底阻斷生育後代的可能性。但是一旦真有孩子出世，其將置身於極度不適宜的成長環境中，致使身心發展皆面臨嚴重威脅。父母雙方往往會相互推諉養育責任，彷彿企圖透過讓對方體驗育兒艱辛以杜絕再次生育的目的。所有養育行為都被體驗為一種折磨——哺乳遭嬰兒抗拒、夜間安眠的中斷、娛樂生活的受限，這些都被視為難以承受的負擔，並伴隨持續的怨懟。當頭痛、偏頭痛、倦怠等神經質症狀相繼出現時，更向家人明確昭示：若再添新生命（通常對母親而言）將構成威脅。或者父母以扭曲的方式誇大責任感，致使自身與孩子持續受創：他們終日監控孩子、關注其每次呼吸起伏、對所有潛在病徵過度警覺，甚至將孩子從睡眠中強行喚醒——這種逾越尺度的照料，最終使「合理變悖理，好事變災禍」[12]。任何旁觀者都不禁浮現此念：**倘若這對父母再育子女，該是何等可怖之事**[13]。

日後，「獨生子女」所有典型缺陷性特質都將呈現在這個孩子身上。這類孩子會變得過度焦慮，不斷伺機利用父母過度的憂慮——既要壓制這份憂慮，又要玩弄於股掌之間，更企圖將其轉化為服務自己的工具。反抗與依附的需求激增，而「生病成癮」是他們的特徵，因為唯有透過生病，他們才能最輕易地奪取處境的主導權。

12 歌德《浮士德》第一部，學生場景。（編按：歌德〔1808〕。《浮士德》〔錢春綺譯〕。商周出版。頁122。）

13 一九二二年版增補：「有時，分娩後的神經過敏會極度加劇，其正暗示對再次懷孕的恐懼。」

3. 對「寵兒」和「灰姑娘」的傷害

父母要將關懷與愛平等分配給多名子女，確實並非易事。主觀意願的欠缺實屬罕見。然而，當潛意識態度持續扭曲父母的判斷與行為時，這份意願究竟能發揮多少作用？更遑論面對子女對平等權利的敏感覺知，或是已然萌芽的不信任感時，其效力又將如何？

即使在最理想的育兒環境中，年幼子女仍會產生被年長手足壓抑的感受。兒童的成長驅力（Wachstumsdrang）不斷驅使其與周圍環境進行社會性比較（sozialer Vergleich），並持續在手足間進行能力衡量。通常老么會承受更強烈的心理驅動，發展更顯著的優越追求，表現出對社會認可、資源佔有與權力地位的過度渴求[14]。當這種追求維持在社群情懷可容許的「文化性抱負（kultureller Ehrgeiz）」範疇時，往往能產生建設性成果。但若上述積極特點過度誇大時，則會顯現攻擊性特質的極端化表現，其中嫉妒、吝嗇、多疑與粗暴等特徵尤為突出。年長兄姊的天生優勢如同一種壓迫性負荷，迫使較小孩童發

14 阿德勒一九二二年注：更詳細的論述見〈個體心理學教育〉（收錄於《個體心理學的理論與實踐》）（Adler 1918d/1920a）。

展出更強烈的**安全防衛機制**，以試圖在心裡地位上維持近似平等的狀態。

父母對特定子女的偏愛，同樣會對其他孩子產生實質影響。當「被輕忽感」與「貶抑焦慮」滲入所有心理活動時，「灰姑娘情結」便會強勢蔓延，隨即引發退縮與封閉傾向。遭忽視的孩童會在心理上自我封閉，並在各種情境中持續沉浸於受創情緒，最終形成持久性的過度敏感與易怒狀態。這類孩子往往對未來感到怯懦也缺乏實質，只能透過迂迴策略試圖防禦預期中的心理傷害，對任何考驗或決策皆產生臨深履薄之憂。大部分的精力花在恐懼無法達標、當眾出醜或遭受懲罰。在較為嚴重的情況下，兒童的心理狀態會明顯朝不利方向轉變，其易怒的叛逆性格將成為發展過程中的重大障礙，最終甚至會導致其自證預言般地證實了自己確實不如其他孩子。於是當這類不受歡迎的意外事件與頑皮行為發生時——特別是當這個孩子牽涉其中時，父母或師長就會憤怒地強調：「我們早就知道遲早會發生這種事！」而此時對父母的適切回覆應當是：「早就知道？不！是你們一手造成的結果！」——這類「**地位受抑**」的兒童往往僅在親屬與熟人圈中表現行為壓抑，一旦置身陌生環境便解除拘謹，彷彿他們一直背負著「被標籤化的過失」所形成的心理壓力。此時根本的解決之道，在於協助其脫離那個常不適切的環境圈；對於更嚴重的案例，則需要透過療癒教育（Heilpädagogik）引導孩子完整認知自身處境，達成心理分離（Loslösung）的過程，培養個體的自主性。

孩童遭受差別對待的根源常在於性別因素。社會普遍存在重男輕女的現象，儘管相反情況亦偶有發生。現行社會結構本質上為男性提供了更優越的發展條件。女孩往往在幼年期就敏銳察覺這種性別差異，同時普遍有被貶抑（Zurücksetzung）的感覺。有些女孩會因此全面模仿男性行為，有些則在女性領域中過度補償這種被貶抑的感覺——透過極度敏感與反抗態度來保護自己免受羞辱和傷害，並表現出一些可以理解為**防禦措施**的性格特質。她們會發展出吝嗇、妒忌、惡意、報復心，以及多疑等特質傾向，甚至可能通過欺騙行為與隱蔽性過失來尋求心理代償。此種行為模式**絕非女性特質**的展現，而是孩童因核心安全感崩解所產生的抗爭表現；是潛意識中想與男性保持平等地位而難以抗拒的強制性衝動，簡而言之：這就是所謂的「**陽性抗爭**」（männliche Protest）。關鍵不在客觀存在的遭貶抑的事實，而是經頻繁扭曲後所形成謬誤的「貶抑感」。當然，如果這個過度敏感的女孩逐漸變得難以相處，持續破壞群體生活的和諧，並發展出過於激烈的防禦性抗爭特質時，那麼原先虛構的貶抑感便會成為現實。此時，這個有神經質傾向的女孩將遭受懲罰、更嚴厲的管束，甚至刻意漠視，最終往往導致其反抗態度更趨固化。

或者，周遭環境將淪為這個失控女孩的支配對象——對她而言，所有人際互動都將異化為鬥爭場域，每個需求都扭曲為對勝利的病態渴求，以及對他人屈辱的執著。這將使孩童瀕臨精神官能症、犯罪與自殺的臨界點。當然，偶爾也可能成為通往天才創造力的入口。**源於被貶抑感、個人不安全感，以及對未來角色與生活的恐懼，這類孩童會發展出極度誇張的價值追求渴望，對愛與溫柔的過度索求**——這些需求幾乎從未被真正滿足，更遑論能即時獲得。最終，這些有神經質傾向的孩童會因恐懼而對任何行動感到退縮，陷入徹底排除果斷行為的猶豫狀態。**各類精神官能症皆潛伏於此，一旦爆發，便會強化其對決策的恐懼**。又或者，被激化的情緒衝動將衝破所有道德與心理防線，爆發出衝動行為，並往往走上犯罪與道德墮落的禁忌之路上。

至於「**寵兒**」——那些被過度溺愛與縱容的孩子——其心理損害主要體現在過早意識到**自身力量並學會濫用**。由於其追求認可的強烈動力幾乎不受約束，這類兒童會將生活中任何的不如意（即便源自客觀條件）都**視為被貶抑對待**。結果父母刻意營造的優待環境，實質上使寵兒發展出與受貶抑兒童同等的易激怒性與過度敏感特質。當然，這個現象通常只有離開家到學校或別的地方才變得明顯。我們因此會在這些受寵孩子身上，看見與受貶抑兒童相同的不安全感、焦慮與擔憂，差別僅在於前者的特徵可能被傲慢舉止與暴怒傾向而掩蓋。由於這類兒童自幼慣於將周遭環境工具化（視父母、手足為服務者），所以在後續人生中會持續如法炮製。當現實無法滿足此種期待時，便會陷入膽怯退縮與怨懟的心理狀態。

這兩種教養方式皆會導致情緒反應的加劇，並可能引發持續性的不滿、悲觀主義、存在性挫折（Weltschmerz）與優柔寡斷。溺愛現象特別容易集中於獨生子女身上。因此我們不難想像，當寵溺造成的傷害與對新生兒降臨的恐懼相互疊加時，其負面影響將更為顯著。同樣地，當父母過度的權威欲望無法分散於多個子女，而只能集中施加於單一孩子時，其壓迫性將更為強烈。

如果要化解嬌寵引發的問題，父母必須擁有非凡的洞察力與卓越的教育敏感度。這在養育體弱或殘障孩童時尤為關鍵。母親在病榻旁展現的愛與悉心照護，誰能不為之動容？然而，大人在這種情境下——特別是**面對長久臥病或是肢障兒童**時——過度溫柔的態度很容易悄然滲入。導致孩童會迅速發展出這樣的認知邏輯：疾病可成為生活的「保障」機制，能為自己換取更多關愛、特殊待遇及諸多裨益。那些看似細微卻對未來人生影響深遠的特殊待遇——被允許睡在父母床上或臥室、持續處於過度保護之下、免除一切勞動義務，最終將沿著一條直線發展，導致其徹底喪失對自主行動的盼望與渴望。這種「生理弱勢兒童」生命自信力的剝奪之所以更具傷害性，正因其往往鑲嵌在難以覺察的養育慣性中。唯有當教育者的愛與責任感足夠強大，甚至願意以承受自身不安為代價，才能真正幫助這些身心受損的個體重獲生命勇氣，發展出獨立行動與堅持不懈的能力。

父母與教育者偏愛**舉止得體**、**發展優異的孩童**，此種傾向雖屬人之常情，但由於潛意識中未經檢視的情感驅力介入，往往會逾越合理界限。值得注意的是，我們同樣應當避免另一種謬誤——出於過度的正義感，反而對那些因先天優勢而健康成長的孩童採取更嚴苛的標準。

然而有一種偏愛源自社會現況，它比任何其他都更具殺傷力，但往往被父母和教育者大力推動，因此無論受偏愛或是被貶抑的孩子都一樣受害。我指的就是**男性性別**在整體社會結構中所享有的過度優勢。這種優勢深刻扭曲了父母的教養態度，即便女孩在家庭中未遭受直接貶抑，傷害仍難以避免。因為我們的社會環境與生活結構，始終在強化女性「低人一等」的潛在感受。心理學家可據此預測：女孩必然會出現因「地位貶抑感」而產生的補償反應——包括渴望與男性平權、抗拒一切強制規範，以及表現出難以順從或屈服的心理特徵。即使是在最適宜的教養環境中，女孩——甚至是具陰柔特質的男孩仍會普遍產生不安全感、抑鬱傾向，以及某種難以名狀的焦慮預期。**性別角色的認**

同過程往往伴隨著極度緊繃的幻想活動。在「未分化階段」（*Dessoir*）[15]，個體通常會強化那些**急於展現男性特質**的心理動力——包括追求強壯、高大、堅硬、富裕、支配、權勢與知識——這些動力往往伴隨著恐懼反應，其心理表徵可歸納為對強制、服從、順從與怯懦等「女性特質」的排斥。所有在未分化階段停留較久或表現特別明顯的「心理雙性者」，無論男女都會發展出對抗性特質，以和日益升高的自卑感取得平衡：既可能表現為叛逆、殘忍、不服從，也可能呈現為羞怯、恐懼、懦弱、狡詐與惡意。我將這種混合著不同程度攻擊傾向的心理機制，稱為「**陽性抗爭**」現象。於是一種被激烈鞭策的渴望便侵入這些兒童的心靈——這些渴望從潛意識幻想中不斷獲得豐富的滋養：他們亟欲**展現陽剛特質，並要求身邊的人及時予以肯定**。然而這種渴望的對立面也同時會出現：對做決定的恐懼、對失敗的恐懼、對「處於劣勢」（Untensein）的恐懼。這樣的孩子最終會成為社會裡的先鋒和鬥士，無論就積極或消極意義來看——他們永遠在索求、永不滿足，是暴躁易怒的戰鬥型人格（Kampfnaturen），卻又始終惦記著撤退的必要性。他們的社會情感（soziale Gefühle）因此每況愈下，成為堅定的利己主義者，但往往具備掩飾自

15 德索爾（Max Dessoir 1894）提出性發展的兩階段理論：從「未分化狀態」到「分化狀態」。在未分化階段，性衝動的目標尚未專注於異性或同性取向。

私的能力，且不斷貶低所有價值觀。我們能在社會菁英發現他們，也同樣能在社會泥淖裡找到其蹤跡。其中大多數人終將失敗，並陷入神經質狀態。

與異性抗衡構成此類心理結構的核心特徵——這種抗衡時而激烈爆發，時而潛伏運作，卻始終浸潤著敵意與恐懼的混合成分。彷彿他們必須透過戰勝性別對立者，方能確立自身幻想中的陽剛價值。須特別強調的是，這些心理動機絕不會顯露於表象，通常隱藏在道德訴求或審美偏好的背後；當個體在青春期後仍顯現愛的能力缺陷（Liebesunfähigkeit）[16]，便標誌著此類心理模式的最終固化。

父母和教育者可以採取什麼措施，來預防孩童因為貶低女性及其角色所造成的損害呢？在當代過度崇尚功利價值的社會結構中，他們雖無法根除兩性成就的價值差異，但必須確保在早期教養環境中不會**過於凸顯**。如此一來，對**女性命運的焦慮**便無從點燃，情感反應也不會受到刺激。具體而言：教養環境中絕不應弱化女性及其角色——這種謬誤常見於父親過度補償其陽剛特質，或母親因存在價值受挫而產生怨懟時。我們既不該鼓勵男孩的男性優越感，更應嚴防女孩對男性特權產生補償性嫉妒。尤其重要的是，我

16 一九一四年增補：「以及對婚姻的恐懼」。

們不應助長兒童對自身性別角色的認同困惑，而應該從嬰兒期開始，就藉由適當的教育引導，幫助孩子完整融入其性別角色。

一九一六年——女性作為教育者

編輯說明

首次發表：

1916：〈女性作為教育者〉（Die Frau als Erzieherin），刊載於《女性研究與優生學檔案》（*Archiv für Frauenkunde und Eugenik*），第341-349頁。

一九一四年，個體心理學的發展正處於蓬勃階段——阿德勒亦積極發表著作：根據其出版清單，該年共有十一篇專業論文及五篇書評。此外，阿德勒與卡爾．富特穆勒（Carl Furtmüller）合作，編輯了極具教育意義的文集《治療與教育》（*Heilen und Bilden*），並發行了《個體心理學期刊》的首期（Adler 1914a/1973c）。

然而，隨著第一次世界大戰爆發，這些發展與活動只能以有限的形式繼續推進。阿德勒本人於一九一五年僅重新發表了關於〈論兒童心理學與精神官能症研究〉的演講（Adler 1915）。而隔年（一九一六年），儘管他被徵召入伍，仍發表了一篇著作——即本文〈女性作為教育者〉（Adler 1916/2009a）。

本文是阿德勒首次論及戰爭及其影響的著作。雖然從他後來發表的一些著作可以看出第一次世界大戰如何促進其理論發展，但在本文中阿德勒主要聚焦分析許多父親因為服役而被迫與家庭分離的特定現象，並進一步將此議題與一個更根本的問題連結在一起——究竟應如何看待女性在教育中的角色。

阿德勒開篇即指出，即使在和平時期，兒童教育的主要責任似乎也落在女性身上，而這一事實本身一直存在著多元且對立的討論。在此背景下，阿德勒提出關鍵問題：經過兩年戰爭「幾乎整個歐洲兒童的教育都交由母親負責」的經驗後，現在是否能夠更準確地評估女性對兒童教育的實際影響力，以及該如何評估這種影響力。

其中，父親因戰爭而長期缺席的情況下，兒童問題行為是否有增加，成為阿德勒評估的重要指標。他將此現象與廣泛的文化批判觀點相結合，展開深入探討。

阿德勒通過多層相互交織的論證展開其觀點，其中心想法是男性主導整個文化，進而也支配了教育。即使在男性缺席的情況下，「女性實施的教育仍始終受到男性及男性文化的影響」，因此只能有限度地要求女性為兒童教育及其後果負責。基於此，阿德勒認為「目前極少情況下能談論由女性主導的教育」，因此討論「女性教育的優劣」本身就缺乏實質意義。

阿德勒將此核心論點延伸至兩種問題情境：

（a）首先，他指出在部分兒童戰爭期間，「無論在家庭與學校均未顯現重大行為問題」的現象，主要歸因於不在場的父親權威，透過在場母親的代理而得以持續維護。（b）他還解釋，其他許多兒童出現難以管教和學業問題的原因是，他們在戰爭前的行為主要是源自對父親威權的恐懼性順從：當這些兒童的母親因「缺乏適當準備」，被迫突然接管教育「主導權」時——這種教育本質上由男性主導觀念所形塑，並服務於「男性原則的勝利」，而這對女性而言是陌生的。此導致教育現場充斥不確定性、矛盾性、畏縮態度與過度嚴厲等現象，進而激發兒童追求符合「男性取向……的文化理想」的「優越感」，最終表現為難以管教、校園違紀，甚至犯罪行為。

阿德勒批評這種讓兒童行為取決於對懲罰恐懼的教育方式，他同時強調女性不應對此負責，正如她們無須為任何教育失敗（或成功）負責；因為所有這一切都應歸因於所謂的「當前文化中男性優勢的事實」。阿德勒將此看法與一個普遍觀點相結合：由於「男性宰制」（männliche Diktat），女性面臨多樣化的貶值趨勢，這些趨勢不利於「女性教育藝術的自由發展」。在此背景下，阿德勒指出女性的教育努力在許多方面被貶低，並特別強調，在既定文化條件下，許多女性接受了男性的偏見，認為自己不獨立及軟弱。後者導致部分女性形成「可能輕易削弱女性作為教育者價值」的態度，這些態度在艱困時期尤為明顯。文章最後勾勒了三種典型態度及其對應的教育者類型作為結論。

女性作為教育者

詩歌和理論對此疑問早有定論：教育孩子的責任歸於女性。粗略觀察生活似乎也能得出相同結論。即使夫妻雙方都投入職場，對孩子身心最直接的教育影響仍來自母親。同樣的，在幼教和家庭教師的體系中，女性也毫無爭議地擁有主導地位。此外，女孩的學校教育幾乎都是由女教師負責，而男孩的學校教育也有大部分掌握在女教師手上。

假如我們先排除那些完全否定教育有影響力的聲音（它們與那些期望教育能解決一切的人一樣輕率），便會發現兩大陣營的鮮明對立：一方試圖將女性對兒童的影響侷限在於嬰幼兒時期（幾乎是只到分娩那一刻為止）；而另一方則堅持母親教育應被視為所有人類發展不可動搖的基礎。雙方都援引豐富的經驗寶庫，並列舉一系列傑出男女作為他們其觀點的有力證據。的確，當我們聽聞阿基里斯由女性撫養成人的故事時深受震撼；當我們的心靈浸潤在母親形象的溫馨之中時，也總能從歌德對母親影響力的崇敬與感恩中獲得慰藉。但與此同時，那些持續批判與控訴的聲浪也猛烈衝擊著我們的耳膜：「婦人之治！女性教育根本不行！」特別在男孩教育領域，人們普遍認為女性主導的教養將會是災難。

戰爭此刻卻以鐵一般的姿態介入這場觀點紛爭，將幾乎整個歐洲的兒童教育權交予母親手中。我們現在是否有能力做出判斷？抑或除了物資匱乏的困難外，還存在其他阻礙我們清晰認知的難題？這個關於更優教育的追問，是否終將成為那些伴隨人類社會誕生卻永遠無解，而不斷引發爭端與競逐的永恆命題之一？

經過近兩年的戰時觀察，我們目前所能提供的，主要來自自身所屬社交階層的個人見聞。一項調查顯示，無論在家裡或學校中都未出現重大教育困境；相反地，父親的缺席及其身處險境的狀況，往往促使孩子主動抵制各種墮落誘惑。這些兒童的目標顯然是為了「取悅父親」，避免為遠行的父親增添憂慮。當然，在我所處的這個社會階層的父母，長期以來都對教育問題抱持高度理解與關注，並以和諧一致的態度共同發揮對子女的影響。

這些對母親教育成效的正面評估，其實不具決定性意義。因為父親的影響並未被消除。這些孩子始終能在母親的話語中同時聽到父親的聲音。另一方面，在我的案例中，孩子們的處境促使他們渴望贏得父親的認可。值得稱讚的是，他們的母親非但沒有妨礙這種努力，反而協助強化了這種傾向。假若母親暗中借助父親的權威，在孩子行為不當時以「告訴父親」作為威脅，我們便看到了這種有益的共同教育影響被扭曲的模樣。在父親權威如此根深蒂固的情況下，將這種教育成果歸功（或歸咎）於女性教育者的成敗，實屬謬誤。同樣錯誤的是認為母親對兒童的這類威脅，只是其教養裡偶爾使用的小技巧，而無關整個教育體制的評估。因為這些威脅現象恰恰顯示，女性教育如何依賴男性權威來強化自身。在其他案例裡，監護人、叔伯、老師或校長也扮演著相同的角色。在我對兒童恐懼的研究中，有個七歲女孩的描述特別引人深思，她說：「我怕帶著鐵鍊來的 Krampus（魔鬼），我怕老鼠，我怕塞爾維亞人和俄羅斯人，害怕鬼，害怕媽媽和監護人，害怕清理地毯用的藤條和蛇。但最讓我害怕的是挨打。」這個可憐的孩子明顯將監護人置於她的恐懼層級的頂端，這至少讓我們明白：她將母親所有的管教行為，都視為是代表男性監護人施加的懲罰。

若我們從這個角度審視女性影響力範圍所遭受的嚴重壓縮，便會發現現階段幾乎不可能討論由女性主導的教育體系。這一關鍵認知與當前文化中男性優勢的事實完全吻合。因此，男性必須毫無異議地承擔其在教育中應負的責任。

本文旨在提出一個方向性的觀點，並呼籲進一步的研究。那些長期或暫時缺少父親、老師指導的兒童在校表現也應該被檢視。但同樣需要注意的是：男性影響力從未被真正排除。事實上，由於普遍的文化理想以某種方式影響著每個孩子的目標，這種男性影響反而更加根深柢固。而這種文化理想明顯具有男性特質，引導兒童的渴望和行動集中在對環境的掌控與認可上，實際上它只是童年個體意志融入社會集體意志的產物。這種以男性為導向的普遍理想，壓制了女性教育的權威與效能。這種緊張關係通常導致兒童對母親的不服從，而對父親權威的接受度則相對較高。

因此，我們得出的結論是，女性施行的教育始終受到男性和男性文化的影響，處於男性主導之下。因此，我們不應將所有教育責任強加於女性身上。當戰爭等突發變故破壞教育的一致性或導致困境時，更不該貿然指責她們。因為此時教育主導權會在毫無準備的情況下轉移至女性手中，而她們卻被迫違背天性，獨立完成一項實質上是為了彰顯男性原則勝利的工作。男性的參與原本具有雙重作用：既是約束，亦是指引。然而當女性獨自承擔教育工作時，她缺乏對男性價值觀自然而然的投入。即便她有意識地理解該原則，以及嘗試（永遠不可能完全）調適自身，其天生且無法消除的「自我價值需求」，仍會持續內在衝突與受到限制。當家庭中的領導權出現不穩定與搖擺時，那種統一指導的精神便會受到比平常更嚴重的損害。這種情況不僅會製造普遍的「不安全感」，還會反過來影響孩子的感受。即便孩子無法理性理解或把握這種變動，卻會在情感上體驗到一種矛盾而猶豫的領導風格。此時，兒童對認可的過度渴望便會介入，並表現出更強烈的反抗驅動力。或者，女性教育者為對抗自身從屬地位的壓迫（出於過度補償心理），可能強行採取一種強硬態度（這種傾向往往源自童年時期的經驗）；然而，無論哪種情況都可能引發兒童（尤其是男孩，但女孩也常見）公然或祕密反抗。由於缺乏道德教育，人們往往更容易屈服於一種經過社會包裝的權威，而不是獨立思考、不帶偏見地做出自己的判斷。此外，幾乎沒有哪個孩子在其成長過程中，不曾目睹母親或其他女性的指令時常或定期遭到他人以極度蔑視的眼光看待。母親們通常將父親的明顯優勢解釋為「與孩子相處的時間較少」，但我們在學校、寄宿機構，以及那些父母都同樣缺席的家庭中，也觀察到完全相同的現象。

若對上述問題視而不見，情況並不會好轉。在我們的文化中，指導兒童行為舉止的關鍵，始終是男性至高無上的權威。無論願意與否，任何投身教育的人都必須正視這一事實。當前阻礙女性教育藝術自由發展的，正是女性自身的自卑感。如果要緩解這些困境，首要之務是認知到女性的怯懦源於自信的缺乏，以及她們對權威地位的過度渴求，實為一種心理代償。此外，正如本文試圖揭示的，社會對女性教育工作的普遍貶抑傾向，不僅毫無根據，更對社會有害。

因此，唯有當現行教育成果明顯受到男性教育者實際缺席的影響時，我們才能合理援引這些成果來解答當前問題。倘若研究證明，僅因這種物理上的距離就足以導致兒童的墮落，那麼這事實本身便是對當前教育最嚴厲的批評——無論執教者的性別為何。因為這不僅意味著我們必須質疑兒童的自主能力，更暴露出某種依賴恐懼與威嚇等粗暴手段的教育倫理，以及唯有體罰工具當前才能維持的兒童道德規範。誰敢提出如此的主張？這種將男性「不可或缺性」視為前提的觀點。豈能輕易忽視？

儘管如此，我們仍不得不承認，在解釋多數青少年偏差行為時，類似的基本觀點確實成立。就以戰時國家激增的兒童犯罪與過失行為而言，初步了解顯示，這些未成年犯從未表現出顯著的勇氣或行動力，過去僅能通過嚴格監督和恐嚇手段來維持常規活動。其中普遍存在（遠超人們想像）怯懦、怠惰與做白日夢特質，以及對具社會價值的自主活動的恐懼，還有對獨立責任的焦慮排斥。這些從早期教養環境逃逸的逃兵和逃避者，如今看不見昔日驅策他們的棍棒，就喜歡靠拉幫結派尋找支持，最終注定淪為缺乏自主能力的弱者。青春期時期，覺醒的男性意識尤其會驅使這些怯弱的男孩追求虛張聲勢的「成就」。但是軟弱的本性使他不敢在社會領域中競爭——這些領域他過去僅僅因為父親的壓力才勉強涉足。奴隸（Heloten）[1]意識早已深植他的血液，使得他利用新獲得的自由，發起了一場奴隸的反叛。當他們逃學走向犯罪的過程時，缺席的父親正是他們的隱形對手。因此母親必然陷入無能為力的困境，而她的這種努力也終將徒勞無功。這類孩子原始的怯懦特質會具體顯現於以下行為模式：利用課務繁重的老師無暇兼顧之際找機會；在家裡和學校表現出欺瞞傾向；經常屈從於某個更狡猾的領袖（後者為求自保，又再煽動幫派形成）。關於這種作為對自卑感的補償機制，**夏洛特．斯特拉斯**（Charlot Strasser）博士在其發人深省的作品〈累積型犯罪〉[2]中，提供了深入剖析，是個體心理學的傑出作品。

基於上述事實脈絡，我們不應以學業表現或戰時青少年犯罪率上升作為評判女性教育成效的依據——此種評估方式尤其不妥，因為戰爭時期必然產生的法治體系動盪，普遍會對留守後方的道德規範產生腐蝕作用。就學校教育品質可能出現的惡化現象，以及確鑿存在的青少年犯罪率攀升問題，其背後實存在著遠比「女性教育能力不足」更為關

1 「Heloten」：古斯巴達的國有奴隸或農奴，稱為黑勞士。其毫無法律地位的處境與日益加劇的貧困，屢屢引發奴隸暴動與血腥叛亂。

2 出自《犯罪心理學檔案》（*Kriminalpsychologie Archives*），Vogl出版社，一九一四年。斯特拉斯的著作已於一九一三年出版（Strasser 1913）。

鍵的結構性成因。

對此，我們可提出相對以下觀點：女性在應對這些文化弊病時，其應對能力往往與警方、司法懲戒或學校教育同樣有限。因此，基於公共利益考量，心理學研究者有理由指出女性常見的三種有害的心理傾向，而這些傾向可能在一定程度上會削弱其作為教育者的價值。值得注意的是，這三種傾向實質上皆反映了女性對生命的基本立場，即世界觀的問題，所以我們不應期待其能迅速改變。儘管這些心理傾向在外顯形式上各異，卻具有共同特徵，即它們均源自一種主觀的自卑情結；更確切地說，這些傾向實為女性在童年時期內化的男性偏見——即女性天生缺乏獨立性與必然脆弱的性別成見。鮮有女性能夠徹底擺脫這種心理桎梏。當人們未能理解這種心理機制的其中關係時，往往會將女性表現出的持續性躊躇、誤判，甚至堅信為其天生的性格特質。另有一些女性則會竭力掙脫這種所謂「劣等性」與「依賴性」的詛咒，卻往往容易陷入另一個極端，以極度情緒化與亢奮的狀態來證明自我。各種不同的混合表現存在著諸多程度差異，並最終形塑個體命運。

婚姻與生育對這類個體而言，往往被視為施加於女性之負擔，她們將其視為一種無法改變的不公而忍受著。抑或，她們在努力擺脫自卑情結，渴望救贖的發展歷程中，卻形成過度敏感特質，致使嚴酷的現實僅會引發其幻滅感。此外，她們基於對自身虛構的脆弱性的認知，往往更依賴個人魅力而非實質能力。或者，有些會受所謂「陽剛力量本質」（männliche Kraftnatur）的外顯特質誤導，不僅模仿此類特質更加以誇飾，終致陷入一種支配狂、暴虐與專制的行為體系。她們全然忽視了構建夫妻子女間夥伴關係的重要性——此實為和諧教育不可或缺之要素。

從社會中為數眾多的適應不良女性群體中，衍生出三種全然失能的教育者類型，其在教育功能的缺陷在困境時期尤為顯著。在此，我將著手將這三類不稱職的教育者類型以系統性分類方式呈現給公眾——為避免冗贅，不探討諸多混合案例，亦不作譴責（因此類人士實為兒童期及幼稚偏見的受害者）——我深信，重大的教育弊端絕不會因掩蓋而減輕其危害。

第一種類型（我曾在〈論親職教育〉[3]一文中詳盡論述）呈現以下特徵：當女性在

3 在《治療與教育》（*Heilen und Bilden*）一書中（慕尼黑：Reinhardt出版社，一九一四年）。阿德勒此處所指為其論文〈論親職教育〉（Zur Erziehung der Erzieher），該文最初發表於一九一二年《教育學與學校政策月刊》（*Monatsheften für Pädagogik und Schulpolitik*）（Adler 1912f），後於一九一四年以〈論父母教育〉（Zur Erziehung der Eltern）為題，收錄於《治療與教育》論文集中重新出版（Adler 1912f/1914a）。該文其中一章節專門探討〈因恐懼家庭新增成員而對兒童造成的傷害〉此一主題（Adler 1912f/2007a，第230頁及以下）。

成長過程中持續否定其性別角色時，一旦進入婚姻關係時，將在首次妊娠期及產後出現顯著的身心困擾，甚至伴發神經官能症狀。值得探究的是，無論是養育單一子女或兩三名後代，都會遭遇異常艱鉅的教養困境，以致周遭他人會形成「更多子嗣將導致家庭無法負荷」的集體認知。儘管女性本人懷抱教育善意，但是其潛在態度仍深刻影響教養體系——子女受非理性溺愛的誘導，提出無限需求；或者對冷酷壓制與持續苛責產生報復性反抗。如果兒童（像現在的戰爭期間）繼續單獨與他的對手（母親）獨處，那麼他會用盡所有的手段，以致於有一天他和父親再度相處時，呈現的態度會讓後者作為不適合繼續生育子女的證據。

作為第二類不稱職的教育者（其本質根源與第一類相似），我將探討那些對自身能力喪失信心的母親——這種自我懷疑已完全轉化為對女性教育價值的根本否定。她們只相信男人，把男人視為與生俱來且責無旁貸的依靠，並在顯著的焦慮情緒驅使下，毫無懸念地帶著根深蒂固的無力感，不自覺地站到了已失去信仰的孩童的最前列。這類母親與子女互動時，始終保持著防禦性姿態，彷彿其核心使命在於證明自己的生活哲學是合理的——即男性是唯一具創造力的性別，因此在教育領域也是無可取代的。她們相應的教育手段包括：絕望哀嘆、喋喋不休，以及虛張聲勢的恫嚇。孩童們很容易看穿這種把戲，並巧妙地扮演著被期待的「英雄角色」，卻渾然不知自己正中對手下懷。最終，這套機制成功運作，「鐵證」就此確立：唯男性方能勝任教育之責！

在這些類型中，第三類表現得最為活躍。這種類型視「男性特質」的攻擊性為解決生活困境的萬能公式——並將其推向極端。於是支配欲與異常嚴苛的特質開始顯現，體罰更成為其教育手段中恆常不變的核心。在如此高壓之下，孩童往往會養成怯懦優柔的性格，卻又暗地裡斜眼看著母親的挫敗。這為他開闢了一條寬廣的道路，使其得以在家庭、學校與社會中持續挑戰秩序與法律。丈夫的缺席常常會讓此類女性變得更加嚴厲。這般教育非但可能加劇孩子的反抗意識，最終更將導致雙方的全面失敗。虛張聲勢的亢奮狀態絕非真正的力量，即便她以男性化的姿態呈現。

教育的真諦在於培養適應社會共處的能力。而能臻至大師境界者，必是自身已具備此種適應力之人——無論男女皆然。

關於個體心理學教育

一九一八年——

編輯說明

首次發表：

1918d：〈關於個體心理學教育〉（Über individualpsychologische Erziehung）。收錄於A. Adler（編），《個體心理學的實踐與理論：針對醫師、心理學家及教師的心理治療入門講座》（*Praxis und Theorie der Individualpsychologie: Vorträge zur Einführung in die Psychotherapie für Ärzte, Psychologen und Lehrer.*）。慕尼黑：Bergmann出版社，一九二〇年，第221-227頁。阿德勒於一九二〇年版注釋中說明，本文為一九一八年在蘇黎世醫師協會的演講內容。

再版資訊：

1924：《個體心理學的實踐與理論》第二版，第234-240頁

1927：《個體心理學的實踐與理論》第三版，第234-240頁

1930：《個體心理學的實踐與理論》第四版，第223-229頁

1974a：〈關於個體心理學教育〉。收錄於A. Adler（編），《個體心理學的實踐與理論：針對醫師、心理學家及教師的心理治療入門講座》。由W. Metzger重新編輯（一九三〇年第四版重印）。法蘭克福：Fischer出版社，第305-313頁

阿德勒早在一九一八年前便多次向醫師闡述其教育觀點，主張醫師在執行專業工作時應履行教育職責。此主張尤其鮮明地體現於一九〇四年發表的〈作為教育者的醫生〉一文（Adler 1904a/2007a，第27頁起）。

阿德勒在其演講〈關於個體心理學教育〉（Adler 1918d/1920a）中延續了此議題的探討。他明確指出，教育工作的總體責任應由教育者承擔，並將此核心觀點與另外兩項涉及醫療專業領域的論述相聯繫：其一，醫師必須具備「一定程度」的教育學素養，惟其如此方能專業地理解並建構醫病關係的動態機制；其二，精神病理學（Psychopathologie）研究為醫師提供了探究教育困境與教育問題特定面向的特權路徑。為使非醫學背景的教育者能充分履行其職責，必須要求其掌握由醫療實踐所產出的、關於教育困境與問題的認知成果。阿德勒在此處主要關注的是那些已經納入個體心理學理論的知識。

阿德勒依此脈絡針對五個面向展開系統性論述：首先，他詳盡剖析罹患生理疾患兒童所面臨的心理困境；其次，他明確指出父母與教育工作者可能加劇此類困境的應對模式。在第三部分，阿德勒認為，醫師不僅須基於器官醫學立場改善兒童體質缺陷，更應處理相關教育議題，其終極目標在於緩解兒童的無力感，從而降低其訴諸問題性的代償行為。第四部分，阿德勒論述了精神病理現象與兒童如何認知自己在手足序列中的序位的關聯性。最後，阿德勒深入探討性啟蒙、兒童反抗（kindliche Trotz）及職業選擇等發展議題。

關於個體心理學教育

從神經病理學治療的立場來看，建立對教育問題具科學基礎的深入理解具有重大意義，而每位醫師也須能掌握一定程度的教育學知識。社會對醫師作為「人性觀察者」的專業要求乃理所當然，若醫師既缺乏對人性的洞察力，又不具備教育者素養，則醫病之間的重要關係必然難以建立。正是此種專業認知與理念，促使**菲爾紹**[1]（Virchow）提出其著名論斷：「醫師終須擔負起人類教育者之重任。」[2]

當代社會中一個日益凸顯且可能在未來更趨尖銳的問題，在於如何準確界定醫師與教育工作者之間的專業權責邊界。必須強調的是，對這一複雜問題體系達成共識並建立整體認知至關重要；畢竟雙方可能都有越界的問題。而跨領域合作不足的情況是目前最

1 譯注：魯道夫．菲爾紹（1821-1902），德國醫生。

2 阿德勒在此以自身語言闡述了菲爾紹的一項核心思想。菲爾紹在其著作中多次強調，廣大民眾的健康狀況實與經濟社會改革的實現密切相關（參見 Wengier 1989）。

顯著的缺失。

如果我們深入探究教育之根本目的時，我們會發現其核心要旨已然涉及醫療行為的專業範疇。對醫生而言，將兒童培育為具備道德行動能力的個體，並激發他們的特質以造福社會[3]，本應是他們專業實踐的自然前提。據此，我們有權要求醫師在臨床決策中，確保其所有的步驟和措施都與此前提保持一致。教育實踐的直接指導權始終歸屬於教育工作者——包括教師與家長。然而，我們也期望這些教育者深入掌握那些只有醫生才能理解的問題和困境，因為唯有具備醫學訓練者方能從精神生活的病理學關聯中將其解析釐清。我想特別強調的是，由於該研究領域的龐大複雜性，我們無法在短時間內廣泛探究。本文僅能擇要探討若干關鍵議題，這些議題勢必將在不久的將來被充分討論，直至形成系統性的理論共識。畢竟，了解個體心理學反覆論證的核心觀點非常重要，因為任何理解偏差，都將在兒童發展過程中顯現其負面影響。

促使醫師必須密切關注教育問題的關鍵因素，在於心理健康與生理健康之間的內在

3 阿德勒在此將教育的目標界定為培養兒童「有益於公共利益」的特質。同年，阿德勒於蘇黎世《國際評論》（Internationale Rundschau）首度提出「社群情懷」（Gemeinschaftsgefühl）概念，並旋即指出教育應以發展「社群情懷」為宗旨——此一核心理念很快成為阿德勒思想體系的重要支柱（參見阿德勒1918e著作《研究文集》第七卷）。

聯繫。我們經常聽到「健康的心靈寓於健康的身體」的觀點，但這個說法根本不合理。事實上，我們經常能觀察到許多生理健康狀態良好的兒童及成人，其心理行為表現卻存在顯著缺陷。然而，相反的情況卻具有重要的意義：體質孱弱的兒童幾乎不可能達到健康兒童應有的心理和諧狀態——甚至這種困難性在某種程度上具有必然性。試設想一名先天消化系統發育不良的兒童：自出生伊始，人們對其照顧過程便充滿過度謹慎與焦慮。這類兒童往往在極端溫室的環境中成長，他們會不斷地受到叮嚀與引導，似乎人生的道路受到許多規定和禁令所侷限。飲食被賦予超乎常理的重要性，甚至超越單純攝取營養的層面[4]。消化系統功能較弱的兒童在難教養的兒童群體中佔有相當比例，這點自古就為醫者所熟知。人們說此類兒童必然呈現神經質傾向。但實際上，這種強制的因果關係並不存在。真正關鍵在於，生活中充滿敵意的本質更強烈地壓迫著這些受創兒童的心靈，致使他們對周遭環境也形成敵對且**悲觀的認知框架**。當他們持續感到受挫時，會過度追求存在感的保障，發展出自私傾向並與社會疏離，因為他們自我認同的建構過程與環境認知之間產生了嚴重的斷裂。

4 一九三〇年增補：「營養與」。

因為對於這類孩童而言，這種**誘惑**——從與周遭環境互動到對學校和社會時，利用個人病症的正當化**優勢來代償**因為腸胃問題及頻繁惡化所帶來的不適——是極為巨大的。他們往往會發展出極端依賴的傾向，從小便習慣讓他人代為排除生活中的一切困難。這將嚴重阻礙其養成獨立自主的能力，使其在遇到有風險的情況時，會習慣性地**逃避壓力**。他們的勇氣與自信心亦會出現顯著缺損。此種行為模式往往持續至成年期，而要將這樣一個可能已以體弱多病、備受溺愛之姿成長十載、十五載，乃至二十載的個體，轉化為符合當代社會要求、兼具主動精神、進取意識與健全自信的人格孩子，實屬不易。

如果我們不僅考量腸胃功能孱弱的兒童，更將所有先天器官發育不良、感官系統缺陷而導致難以適應社會的兒童也納入研究範疇，就會發現其對整體社會造成的損害遠超現有認知。此類臨床觀察不僅見諸患者病歷，更常從其自述中聽到。醫師在處置此類病例時，除須處理心理教育的問題外，更應竭力通過輔助工具、治療、矯正缺陷等手段，及時阻斷兒童形成[5]虛弱感的可能性。當我們確證這些案例往往非永久性機能缺損，也

5 一九三〇年增補：「過度」。

不是極端嚴重，而是源於早期器官功能**暫時性弱化**所導致的**持續性心理代償失調**——甚至最終使人無法適應生活時，就必須更積極地尋求解決方法。然而此類案例會變得極其複雜的原因在於，兒童往往自己也會尋求某種形式的代償機制，卻鮮少能夠成功地實現此類缺陷的理想代償。他們往往會通過**各式途徑**——無論是借助文化[6]習得手段，抑或是透過提升個人的整體主動性和智力——試圖彌補自身與正常發展標準相較的不足。

在審視所有這些案例時，我們也會觀察到某些會導致問題的性格特徵。例如，過度敏感經常會引發衝突。這些都是日常生活中不容忽視的現象，因為它們可能有損個體的身心發展。

我們必須再次強調，孩童內心存在著嚴重的困頓與過度緊張。我們可以輕易發現，那些社會適應不良的個體，其整體心理特質根源於早期教養環境。尤其值得注意的是，對孩童而言，**「疾病」及其概念**的意涵遠比我們通常所認知的更為複雜。只要從這一視角深入探究孩童的心靈即可發現，這些經歷具有極其重要的發展意義；而且在幾乎所有的

6 一九三〇年修訂版：非文化性的。此處文本修改體現了阿德勒的觀點：一般而言，「成功的補償嘗試」往往會運用符合文化既定規範觀念的手段，或是與服務於文化現狀進一步發展的要求相兼容的手段。相對地，「不成功的」補償嘗試通常表現為使用那些在文化層面上被評估為效用不足，甚至難以接受的手段。阿德勒早在一九一八年就持有此種觀點。因此可以推斷，阿德勒在一九三〇年所做的文本修改應被理解為對一九一八年產生的印刷錯誤的修正。

案例中，疾病狀態非但不被視為生活的負擔，反而是某種解脫機制，甚至被當作一種獲取情感關注、支配地位，以及在家庭與學校場域中優勢的手段。

許多孩童長期處於自覺病弱的心理狀態。而那些臨床症狀持續存在卻無法以病理學基礎解釋的案例，也顯示**孩童利用「疾病感受」**感到生病的方式來獲取關注度，並試圖滿足其在家庭中追求支配地位與存在價值的潛意識需求。例如，在一些曾經罹患過百日咳的孩童，他們在康復後仍長期存在類似痙咳症狀的病例——通過系統觀察可發現，這類孩童確實能利用咳嗽發作引發周圍人士的擔憂，此類情況必然迫使醫生進行教育干預。

此外，也有部分家長與教育工作者採取截然相反的立場，他們以嚴苛、甚至粗暴的方式對待孩童，或刻意在孩童心中營造此種嚴厲形象的印象。

生命形態的多元性往往能彌補教育者之謬誤。然而，我們也常見到童年缺愛者，到了晚年依然匱乏。這樣的人總是預設世人皆會冷漠對己，遂漸自我封閉，終至與外界疏遠。他們經常提及自己情感荒蕪之童年，仿佛是必然的宿命。然而，孩童不會因為受到教養者的苛刻，而自動滋長對他人的不信任感，效法他人對自己的冷漠，或質疑己身能力。精神官能症和精神病疾患往往就在這樣的土壤中滋生。仔細觀察這些孩子所處環境，必可發現一些因愚昧或惡意而荼毒幼小心靈的**害蟲**。在這種情況下，除了醫生之外，幾乎無人能有效改善此等處境——無論是通過搬家還是透過啟蒙教化。

雖然有時當我們進行更深入的探究時，才會發現某些複雜的心理機制，但一旦理解了，就會對問題本質感到豁然開朗。

因此，在心理發展層面上，老大與老二或老么之間存在根本性差異，而獨生子女的心理特徵亦很容易被辨識。當一個兒童在純男性（僅有男孩）、純女性（僅有女孩）的環境中成長，或作為單一性別個體（如男孩處於女性群體中，或女孩處於男性群體中）被撫養時，這種成長環境往往會對其心理產生深遠影響。這些既定的現實條件與家庭序位結構，同時構成了兒童行為態度的形成基礎。我們通常可以藉由孩童的行為模式準確判斷其家庭序位。根據我的研究經驗，老大普遍表現出一種保守傾向的心理特質：他們傾向依靠強者，習慣與權威結盟，並展現出一定的順應特徵。以作家特奧多爾·**馮塔納**（Theodor Fontane）[7]的傳記為例，他提及自己十分期望有人能解釋他「傾向站在強者一方」這一心理現象。當我讀到這一段話時，即合理地推斷他不僅是家庭中的長子，更

7 譯注：特奧多爾·馮塔納（1819-1898），德國小說家。

將自己相對於弟妹的優勢地位視為一種不可動搖的心理資產。

老二始終面臨一位能力更強、社會評價更高且通常享有更多自由與優勢的老大。如果這個老二有發展潛能，就必然持續處於一種心理緊繃狀態，目標是超越老大。此類個體往往表現出近乎機械性的工作狂傾向。根據臨床觀察顯示，在神經質特質顯著的焦慮型兒童群體中，老二出現頻率顯著；相對地，老大通常對競爭情境多少表現出抗拒傾向。

而**老么**的性格特質中通常表現出某種幼稚性、猶豫與拘謹，彷彿對自身能否達成他人所展現或預期的顯著成就缺乏足夠信心。由此我們不難推斷，這實質上是一種對原始既定狀態的固化表現。該類型個體總是處於與能力更強者的互動中，視野所及盡是較自己更重要之人。然而弔詭的是，他們通常無須付出任何努力，即能獲得周圍人士全然的寵愛。所以我們可以立即聯想到，這種無須發展自身能力，即自然成為關注焦點的處境，對個體整體心智發展會造成的損害：**形成對他人無盡索求的心理預期**。然而，另一種老么的類型則呈現「約瑟夫型」（Joseph-Typus）。這類個體會孜孜不倦地向前邁進，憑藉自己的主動性超越同儕，其主動性（參照昆斯塔特研究）[8]往往突破常規範式，開拓

8 此處可能暗指拉比暨神學作家以撒．昆斯塔特（Isaak Kunstadt）。

新徑。在《聖經》和童話故事中，人們往往賦予老么角色最卓越的天賦，猶如穿上具有神行能力的七里靴（Siebenmeilenstiefeln）[9]。

觀察身處男性群體中長大的個別女性的行為至關重要。此種環境所產生的高度緊張，使我們必須預設可能會誘發某種異常行為傾向。必須強調的是，我還不無法提出確定性的結論。女性個體通常很早就清楚地意識到自身存在本質性差異（toto coelo）[10]，且被剝奪許多男孩天生即享有的權利與特權。在這種情況下，單純透過讚譽或寵愛實難形成有效的補償機制，因為其涉及對兒童發展至關重要且無法替代的情感價值體系。這些女性個體往往必須承受瑣碎指責，其行為舉止則不斷受到規範與訓示。此類孩童對批評特別敏感，總是試圖掩飾自身弱點以維持完美表象，同時又深恐自身價值被否定。這些女性個體往往成為後續神經官能症[11]病患者之重要來源。

在女性群體中成長的個別男性個體，其處境亦呈現相似特徵，且反差往往更為顯著。該男性通常被賦予特權，其結果導致女性群體形成某種祕密同盟，以孤立這個男性

9 譯注：指具有神奇力量的靴子，能讓穿著者在短時間內走很遠的距離。
10 拉丁語：意近於「完全」、「徹底」或「絕對」。
11 一九三〇年增補：「或失敗的」。

個體。這些孤立的男性常常對於這種精心策劃的陰謀包圍感到壓迫：姊妹們嘲諷其所有言行，持續否定其存在價值，刻意貶抑其優勢並放大其缺陷。這導致男性個體迅速喪失心理調適能力與自信，並在社會適應方面表現出明顯障礙。人們會將這些表象歸因為惰性與淡漠，實質上這是一種心理機制的病態異化，一種對存在性怯懦（Lebensfeigheit）。核心問題在於，我們面對的往往是那些已經失去或是容易失去自信的人。他們的行為模式是習慣性地退縮、毫無理由地怕被他人嘲笑、容易放棄，以及陷入無所事事或自我放任狀態[12]。值得注意的是，即便在有兄長與年幼妹妹的家庭結構中，類似發展困境也同樣頻繁出現。

還有一個醫學觀點涉及兒童的**性別啟蒙**問題[13]。迄今為止，由於兒童所處家庭、個體差異及成長社會環境的多樣性，尚未能建立統一的指導準則。然而有一點必須明確：若讓兒童在性別認同不確定的狀態中成長過久是不當的，而且極易引發嚴重的反應。值

12 一九三〇年增補：「或者他們會魯莽冒進，彷彿總是需要證明自己的男子氣概。」

13 隨著對嬰兒性欲的研究（參見Freud 1905d/1972），二十世紀初許多精神分析學家開始質疑當時普遍流行的觀點——公開談論性話題會對兒童造成傷害，因此應該向兒童隱瞞關於性別差異、受孕、懷孕和分娩的真相。從精神分析的角度來看，這種對性的禁忌反而會抑制兒童對性的好奇心、增加對性的焦慮，並強化壓抑性體驗內容的傾向，這些都不利於兒童的進一步發展，有時甚至會助長（日後）神經症的形成（參見Groenendijk 1998）。針對二十世紀前三十年發表的關於性教育不足所導致各種後果的論述，阿德勒在此補充了對性別認同形成障礙的見解。

得注意的是，這種現象卻異常普遍。我常聽到病人說，他們直至十歲仍對自己的性別感到困惑。這種不確定感影響了他們整體發展過程，使其產生異於常人的錯覺——彷彿自己既非男孩也非女孩，所以後續發展也會與他人迥異。這種認知對患者造成極度不安全感，甚至明顯流露在其行為舉止上。女性案例亦呈現相似狀況，部分女孩直至八歲、十歲、十二歲，甚至十四歲仍處於性別認同模糊狀態，並持續幻想未來可能通過某種方式呈現男性性徵。此現象亦可從若干文獻記載獲得佐證。

在此類案例中，個體的正常發展進程遭受顯著干擾。女孩們在童年時期會刻意強化性別角色表現（傾向塑造男性化特質），或迴避可能導致失敗的決斷性行為。這種根本性的不安全感，有時會直接顯現，或通過自大、浮誇的舉動中流露出來。女性個體會主動採納男性行為模式，特別傾向於刻意強化那些被自我認知系統和社會環境共同建構為典型男性特質的行為表現。其活動特徵呈現出顯著的病理性質：不僅超出發展心理學所界定的常規兒童嬉戲範疇，更表現出強迫性、行為刻意性等臨床特徵。這種固著性行為傾向往往在早期發展階段就被父母識別為病態性別變異。男性個體同樣會表現出此類不穩定狀態，但在遭遇社會阻力後多數會發生行為轉向，轉而表現出猶豫不決的態度，或出現過度女性化的行為特徵。隨著性意識覺醒，兩性均會發展出非自然且經常呈現變異特質的性心理特徵，但卻又符合其行為模式。

還有一些人們認為是「**反抗**」（Trotz）的現象，也值得重視。許多這方面的表現，例如**拒食**、大小便問題等都被醫師視為疾病的徵兆。我們在臨床觀察常見的病理性症狀，如遺尿症或莫名的頑固性便秘，往往源於孩童根深蒂固的反抗心理。這些孩童會一切機會擺脫被施加的所謂強制要求（Zwang），因為他們將任何形式的強制都視為一種侵犯與羞辱[14]。他們將無法順利融入文化，視為彰顯個人重要性的標誌。我們將其詮釋為其反抗心理的表達。要驗證這一點非常容易：我們永遠能在這類個案中觀察到更多反抗特徵，其中也包括一些相對輕微的不良習慣，如在公共場合挖鼻孔、衣著邋遢和咬指甲。這些惡習成為個體發展明顯偏離社群要求的指標性表徵。值得注意的是，這類行為背後永遠存在對立面的驅動力量！而這些症狀的形成，幾乎總是源自原始功能的不足。

探究兒童**職業選擇**的演變軌跡是非常具啟發性的。以女童為例，其職業憧憬通常可能從公主、舞者到教師，最終可能略帶妥協地定格為家庭主婦的角色。我們經常會發現，成年子女的職業抉擇往往只是為了與父輩建議形成某種對立。當然，這種對抗性從

14 阿德勒一九二四年注：同樣值得注意的是，這類人傾向透過自身缺陷與苦難來獨佔他人關注。

不以顯性方式呈現，而是在認知邏輯層面受到敵對終極意向的制約。外顯方式是極度凸顯特定職業的優勢，或強化其他選項的固有缺陷。如此個體就能夠建構出支持或反對任何職業選擇的論證體系。在**職業諮詢與選擇**的專業領域，醫師也是從另一個角度扮演著獨特而重要的角色。他的評估框架首重生理狀況，然而心理因素的影響力同等關鍵，而且在多數案例中，甚至有決定性作用。

對罹患神經症或精神病的個體實施追蹤矯治，實屬極其棘手之事。而且此種做法不僅耗費驚人能量，更凸顯該是採取**預防措施**的時候了。現有研究已累積充分可靠的理論基礎，可以持續透過教育家長和醫生來推動此項工作。然而，在面對神經症和精神病發生率急遽攀升的現狀下——尤其是社會適應困難（Verwahrlosung）群體——改善成效實乃當務之急。這是推廣個體心理學理論觀點，運用其人性洞察與教育技術的時候了，如此每個人都可以根據自身資源條件協力參與。那些初期表現為行為偏差的心理發展異常，往往成為後續嚴重的神經疾病與犯罪行為的根源。[15]

15 一九三〇年補注：我們已確認，學校是介入難教養兒童發展最理想的場域。在由個體心理學家、醫師與教師共同於多地設立的「學校輔導中心」(Schulberatungsstellen) 中，每位難教養兒童都能找到最安全的環境來認識自身錯誤。透過醫師、教師、家長與兒童的協作，總能尋得正確途徑，並強化孩子的合作能力。另參閱《個體心理學期刊》第七卷（一九二九年，萊比錫出版）：〈維也納的學校輔導中心〉，該期專題名為〈維也納個體心理學教育輔導中心〉(Die

Schulberatungsstellen in Wien），收錄多篇探討「個體心理學教育輔導與學校」主題之文獻，如：Seidler（1929）；Seidler與Zilahi（1929）；Spiel與Birnbaum（1929）等論文。

一九二三年——
教育諮詢機構

編輯說明

首次發表：

1922：〈教育諮詢機構〉（Erziehungsberatungstellen），收錄於阿德勒與富特穆勒（C. Furtmüller）主編之《治療與教育：醫師、心理學家及教師心理治療入門講座》（*Heilen und Bilden. Vorträge zur Einführung in die Psychotherapie für Ärzte, Psychologen und Lehrer*），第二版，慕尼黑：Bergmann 出版社，第221-227頁。

再版資訊：

1928：《治療與教育》第三版，第142-145頁。

阿德勒在〈社會適應困難兒童〉（Adler 1920d/1920a）研究中，以「學校體制改革」作為結論，並強烈主張應將個體心理學與治療教育（heilpädagogisch）納入教師職前與在職培訓的核心內容。

兩年後，阿德勒為《治療與教育》第二版撰寫本文時（Adler 1922b/1922a），再次對相關師資培訓的匱乏表示擔憂。他特別呼籲建立具專業資格的「輔導教師」體系，並指出隨著格勒克爾學制改革（Glöckel'sche Schulreform）推行，對此類專業教師的需求更顯迫切。阿德勒強調，為回應此需求，他已在維也納透過社區活動中心（Volksheim）開設系列講座與進修課程，並進一步詳述個體心理學教育諮詢機構的建制化歷程。

到一九二二年，這類教育諮詢機構已有多家投入運作：除了阿德勒早在一九一九年提過的維也納社區活動中心內的諮詢機構，至少自一九二〇年起，還有一處附屬於「維也納第二十區教師工作小組」的諮詢機構——該工作小組是格勒克爾推動學校改革時成立的官方組織（Wittenberg 2002）。一九二二年，福利組織「預備諮詢中心」（Die Bereitschaft）也在維也納設立了四間諮詢機構（Gstach 2003），而更多諮詢機構的開幕亦近在眼前。

阿德勒在此背景下延續其早於一九一九年發表的觀點：個體心理學教育諮詢機構之功能，應超越狹義的諮詢範疇。並於本文中明確提出三項核心任務：

（a）公開諮詢的實施，旨在讓有興趣的人士有機會熟悉個體心理學「理解與處理教育問題」的方法論。

（b）諮詢機構的工作人員還應創造各種家庭和學校以外的環境，讓問題兒童能與他人互動，從而使相關從業人員能培養以建設性方式與問題兒童相處的能力。

（c）最終，諮詢中心應推動成立「個體心理學兒童之家」——此構想早於一九一九年即由阿德勒提出（Adler 1919d/2009a）。該機構應任用符合以下資格之人員：曾參與個體心理學專題講座及課程，並尤其須具備於諮詢中心實務參與之經驗，以確保其專業適任性。

文末，阿德勒進一步闡述了個體心理學諮詢工作的七大核心特徵。

教育諮詢機構

一個民族及其時代精神，最清晰鮮明的體現莫過於兒童教養方式。民族特有文化的需求，會持續驅使父母、教育者與學校採取符合的教養行動。即便是環繞孩童的生活圈——無論其範圍大小——也必然會對其提出符合「生活邏輯」（Lebenslogik）的要求與限制。而一個民族的共同理想——源自其在世界的定位與精神成熟度——不僅左右其有意識與無意識的教養介入，更會推動家庭與學校教育學的革新進程。

孩童的可教育性是與生俱來的，它具有差異性且會持續發展的社群情懷的廣度。透過這種情懷，孩童得以連結民族共同理想建立了連結。在此過程中，社群的要求轉化為個人要求——人類社會的內在邏輯、其不言而喻的必然性，就變成了孩童個人的生活任務（individuelle Aufgabe）。

除了我們文化的社群理想（Gemeinschaftsideal）之外，個人權力追求也正以最危險的方式發揮作用。虛榮、傲慢、自戀和野心，正瓦解著共同歸屬感。猜忌、好鬥傾向、羨慕和妒忌，過早毒害孩童的心靈，使其在人際關係中採取對抗的立場，阻礙其發展成為一個與他人共處、共同合作的夥伴。而如此被自我中心與私欲充斥的孩童，既不會自願也無法完善地履行年幼生活與生俱來的任務。他們會不斷渴求勝利以滿足自己的權力欲，或者試圖從周遭人的無力中汲取扭曲的滿足。這條歧路的特點就是行為偏差及兒童過失，而不良的榜樣與文化的低落水準會誘發他們走向這條路。於是他們搞砸了生活任務，對抗共處邏輯，最終被行為偏差及其後果所囚禁。

這種自私的權力追求，在家庭——這個群體生活的基礎單位——獲得了不成比例的滋養。家庭雖有無可取代的優點，卻也存在嚴重缺陷。父親的權威地位誘使兒童模仿；而母親在外顯特徵上呈現的順從（甚至時常表現為屈辱狀態），會驅使孩童產生反抗與抗議心理——這使男孩傾向發展出虛妄自大（Großmannssucht）與誇耀行為，更常伴隨生活怯懦與逃家傾向；女孩則會表現為各類叛逆形式，或陷入有害的消極順從。家庭孕育出的行為偏差，終究無法由家庭自身治癒。

進入學校的孩子早已在二、三歲時形成了基本行為模式。唯有深度理解個體獨特心靈動態，並實施個別教育，才能對症下藥。由於學校體制是基於大眾教育原則施行教育，所以對此是無能為力的。只有當學校建立起一個完善的輔導教師體系，才能符合我們的教育期待，因為這些受過個體心理學專業訓練的人員能及時介入協助適應困難的孩童。然而，現行制度卻常使學校成為「入學適應性」（Schulfähigkeit）的檢測場，對那些準備不足與融入不良的孩童製造困境，導致其因自卑情結轉向社會疏離行為。格勒克爾教育改革提出的「學生心理特徵量表」[1]雖具前瞻性，但亟需依照個體心理學理念進一步完善：配置輔導教師對難以管教的孩童實施個別化教育，直至所有教師皆成為個體教育專家。

然而，此類輔導教師的培訓體系都尚未建立。社區活動中心舉行的講座和課程屬於這些少數的培訓機構，這些教學活動在理論和實務層面，同時整合了現代教育學與個體心理學。維也納社區活動中心設立的「教育諮詢機構」即是一項示範性嘗試：孩童、父母與教師可以在此就教育挫敗相關議題進行諮商對話。其核心目標在於，確保社會適應困難與難以管教的孩童，無論處於家庭內外環境都能重建社交能力，即重新適應社群及其規範要求。

隨著學校承接越來越多原本由家庭承擔的職責，個體化教育的任務變得尤為突出。

1 此類「學生評量表」（Schülerbeschreibungsbögen）於一九二二年在維也納作為格勒克爾教育改革（Glöckel'sche Schulreform）的一部分實施，後續亦推廣至奧地利其他邦（Engelbrecht 2006）。

家庭教育不足所導致的失敗，無法單靠家庭自身進行糾正，除非將家庭納入教育過程中。

這波學校改革本質上回應了時代需求，旨在將傳統中產階級學校轉型為社會化學校。然而在實踐過程中，改革本身卻創造了新的需求，也暴露了更多的不足。當學校持續承接家庭已無力負擔的教育職能時，便凸顯出「個體化教育」的迫切性。那些源自家庭教育失能的教育挫敗，實質上無法僅透過家庭自身修正，除非將家庭系統整體納入教育範疇。

此類教育諮詢機構（如同現存於德國、瑞士與美國[2]的實例）的完善發展，必須連結具備相同實務經驗與教育認知的育幼院。這些諮詢機構本身亦須同步建構其專業人力。因此，諮詢機構的設置必須能讓有紀律的參與群體一起加入，參與意見並增長知識。唯有透過與難以管教的兒童親身互動，方能獲得那些不可或缺的實務經驗與教育機技巧。若像我們這樣資源有限，初期僅須一間體育館作為基礎場地，滿足參與群體與孩童互動、進行團體遊戲，夏季可至海水浴場，或者一起在社區花園協作勞動。每個孩子

2 德國與美國於二十世紀初開始設立首批教育諮詢機構。首間兒童指導診所（Child-Guidance-Clinic）即於一九〇九年在芝加哥成立（Hundsalz 1995，頁二十二；Kluberz 2007）。

都代表一項特定任務，必須持續關注：與兒童及其父母的接觸連結（Fühlung）不可中斷；每次會面須透過得宜的介入確認改善狀況，並鞏固既有的進步。

最後，我想提供一個雖不完整、但能有效避免重大謬誤的指導框架：一、摒棄任何形式的權威。二、確認造成問題的原因，並溯源至童年早期。三、尊重社會適應困難者的基本權益。四、揭示其虛榮心。五、透過教育者以身作則的示範，培養其社群情懷。六、打破對天賦的迷信[3]，回歸能力之真實侷限性。七、每一項準則都必須被深入探討、切身感受，並賦予生命力，超越空洞的詞藻和形式主義的範疇。

當務之急在於嚴格檢視所有從事社會適應困難兒童教育者之不同立場，並據此採取相應介入措施。

3 阿德勒在多篇著作中批判「天賦」概念的使用方式——他指出，當人們談論「天賦」時，往往隱含一種錯誤認知：將天賦視為穩定的人格特質，並以此界定個人（例如學生）在特定領域（如數學）的能力上限，暗示這種界限幾乎不可改變。阿德勒將這種觀念斥為「迷信」。

孩子的不可教育性還是理論的不可修正性？

——昨夜（一九二五年三月四日）於民眾教育館演講後

一九二五年——

編輯說明

首次發表：

1925c：〈孩子的不可教育性還是理論的不可修正性？——對胡格案例的評論〉（Unerziehbarkeit des Kindes oder Unbelehrbarkeit der Theorie? Bemerkungen zum Falle Hug），載於《工人報》（*Arbeiter-Zeitung*）（維也納），三月五日，第六版。

一九二四年九月二十八日至二十九日深夜，維也納精神分析學會（Wiener Psychoanalytischen Vereinigung）成員赫爾米妮．胡格—黑爾穆特（Hermine Hug-Hellmuth）遭其十八歲姪子羅爾夫．胡格（Rolf Hug）劫殺。此案及其後續審判不僅引發社會矚目，更對精神分析學派造成雙重衝擊：

—首先是該學會痛失一名重要成員——胡格—黑爾穆特長期致力兒童青少年發展研究，其教育諮詢工作與兒童心理治療著述頗具影響力。她自一九二三年起主持學會附設門診部首間教育諮詢機構，並透過實證研究支持佛洛伊德的幼兒性欲理論（參見Graf-Nold 1988；Mühlleitner 1992，第163頁起）。

—另一方面，胡格—黑爾穆特命案的具體情節，更為那些慣於從其人格與著作中尋找缺陷、進而反對整個精神分析學派的批判者提供了新佐證（參見Friedjung 1924，第337頁）。早在此前，當胡格—黑爾穆特一九一九／一九二三年出版[1]、由佛洛伊德作序的《青春期少女日記》（*Tagebuch eines halbwüchsigen Mädchens*）一書遭人質疑是偽造時，就已加劇學界對精神分析發展理論實證基礎的論戰。而今，她自一九一五年凶手胡格喪母後深度介入侄子教養的事實，更強化了長期質疑「精神分析技術不適合應用於兒童與青少年」的觀點——因為她的行為模式明顯是基於對精神分析的特定理解，而這種互動反而導致胡格的「生活問題」（Lebensprobleme）不斷惡化。更關鍵的是，曾為胡格—黑爾穆特進行分析治療的薩德格（Isidor Sadger），自一九一九年起也同時擔任胡格的監護人，這使他在庭審中必須就諸多敏感問題作出解釋，特別是為何兩人共同負責的教育明顯成效不彰（Graf-Nold 1988，第296頁起）。

阿德勒顯然親身列席了定於一九二五年三月三日至四日進行的審判。因為在法庭審理次日的晚間，亦即審判結束後，他立即針對「維也納民眾對精神分析社群暴力事件的高度關注」作出回應，並在其每週三固定於「科弗勒公園民眾教育館」（Volksheim

1 胡格—黑爾穆特（Hermine Hug-Hellmuth）直至第三版（一九二三年）才以編者身分出現。

Koflerpark）舉辦的《認識人性》講座系列中，就此司法案件發表專業評論（參見《編年史》〔*Chronik*〕〔1925: 142; Graf-Nold 1988: 315〕）。隔日，《工人報》即以〈胡格案之心理學評析〉（Bemerkungen zum Falle Hug）為題刊載此文，副標題註明「昨夜於民眾教育館專題演講後」（Adler 1925c/2009a）。

阿德勒概述了自己理論的基本要點，同時比過往作品更明確強調，就個體心理學的角度而言，認為一個人的心理發展在五歲之後就不可改變的觀點是不恰當的。

阿德勒在本文中雖然對審訊過程中的特定言論提出批判性立場，卻始終未明確提及「精神分析」這個詞或薩德格的名字。儘管如此，依據格拉夫－諾爾德（Graf-Nold 1988，第290頁起）之研究，阿德勒的尖銳批評實質是針對薩德格，他認為後者的教育方式與觀點已經過時且無法成立。阿德勒尤其強調，薩德格主張「胡格已無可挽救」的論調，非但未能緩解羅爾夫．胡格長期面臨的社會化與心理困境，反而固化了這些問題。與此相對，阿德勒在此文中勾勒其理論核心主張，同時較過往著作更鮮明地指出：從個體心理學立場而言，若認為人類心理發展在五歲後即定型，實屬謬誤。

孩子的不可教育性還是理論的不可修正性？

昨夜於民眾教育館演講後

我想僅就本案審訊過程中的某些言論進行探討，而不針對具體人物及學術立場。審訊過程中有人宣稱：「**這男孩已無可挽救。**」[2]對此我想提出疑問：人類的可挽救性究竟始於何處、止於何時？又為何斷定此童不可挽救？我想特別強調的是，有些家庭對此類不幸事件不僅不會對外尋求援助，還會竭力掩蓋祕密。但這祕密會如雪球般膨脹，因為從某種意義上說，這正好成為行為偏差者的優勢。問題是，越是標榜教育理念的家庭，在此情況下保守祕密的傾向往往越強烈。畢竟教育失敗更是家醜，豈可外揚。但是，後果就是我們已經看到的：人們四處散播孩子無可挽救的論斷。難道我們原本不是

2 審訊過程中，當辯護律師問及羅爾夫．胡格十三歲時所犯盜竊案時，薩德格答稱：「被告已無可救藥，因這並非初次犯案，而是第二十五或三十次行竊。顯而易見此少年已無法改變。」（Graf-Nold 1988，第297頁）。

可以避免更大的不幸發生嗎？

多年來，在兒童教育中最具危害性的行為，莫過於斬釘截鐵地斷言某個孩子「無藥可救」。孩童不可能忽略這種武斷的判定——即便沒聽上百次，也必定從周遭氛圍中感受得到。剝奪孩童對未來的希望實乃教育之大忌，而其中傷害最深的形式，莫過於對對方說出「你這種敗類，遲早會進監獄」之類的論斷。縱使說者未必真心如此認定，但此類言辭仍會徹底摧毀孩童的「自我價值信念」。若我們檢視暴力犯罪者的心理結構，便會發現這些人多半在正常生活中失去勇氣。因此，當我們向孩子預告其犯罪生涯的「未來」時，無異於玩火自焚。

假使一個人認為「某個孩子無可挽救」，那不單純是個人觀點，還會影響到其他人。而當我們預言會有不幸的這個舉動，實質上近乎是**誘使**不幸發生。因此我們必須從根本上拒斥「某人無可挽救」的論斷，因為這種說法缺乏差異化依據，而且**我們不認為犯罪傾向是與生俱來的**[3]。相反的，我們可以明確指出，所有發展偏差的特徵都是由可被具

3 薩德格於法庭上指稱被告具「盜竊天性」，而法院指定鑑定人更認定胡格存在「道德情感領域的嚴重病態傾向」（Graf-Nold 1988，第298、305頁）。

體指認的錯誤造成的。此外，我須特別指出：「人類五歲即定型[4]」的論述，與**個體心理學**核心觀點相悖。事實上，我們更主張兒童在兩歲時已形成基本人格結構，但這**並非不可改變**，只是在成長環境的影響下，於此階段確立了其心理雛型。然而，若僅因人格具一致性（Einheit der Person），便斷言其中潛藏的惡性種子必然持續滋長，這種推論是完全站不住腳的。更嚴重的謬誤在於有些人主張此處需要的不是教育，而是治療。**當然，倘若這名男孩無須教育而能被治癒，我們也不反對**[5]。

根據進一步了解，似乎有採取過某些干預措施，具體而言，有人訓斥過胡格。然而他一方面維持表面禮貌與冷漠的態度，另一方面則持續重複偷竊行為[6]。這種行為模式已長期存在，而非新近現象。我們不能因此直接斷定這是一種「不可逆的不幸」，因為無論是家庭、社會還是國家，都未建立針對家庭教育失能的補救機制。另一項與前述邏輯

4 注3內容重現後，辯護律師追問薩德格：「如何論證十三歲少年在教育層面已無法矯正？」薩德格答稱：「吾人主張人格至遲於五歲即已定型，此後能為有限。至十三歲時教育法已不可行，僅能透過解構情結進行治療。」（Graf-Nold 1988，第297-298頁）。

5 阿德勒此處所指，即注4所載薩德格陳述之結論段落。

6 辯護律師當庭質問薩德格：「身為監護人，您曾採取何種措施矯正被告『盜竊天性』？」薩德格回應：「初期我無權干預，因尚未就任監護職務。其後我多次訓誡，以其高尚母親為範本勸導，更警告他其行為將逼使姑母自盡，然被告始終冷漠以對。」（Graf-Nold 1988，第297頁）。

相呼應的觀點是：「胡格不適用體罰。」[7] 要準確理解這種行為情境（Bild），並不容易。或許我們最能理解的是：儘管這孩子自述「寧願被痛打一頓」，但他絕不該被迫接受毆打。即便他如此渴求[8]，我們仍堅決反對體罰。正如某些罪犯坦承，假若他們遭遇抵抗，反而更能輕易施暴；那位深諳人性的巴爾札克亦曾揭示，凶手其實期盼受害者反抗，好為自己的暴行尋得開脫[9]。由此我們不難理解：這個孩子之所以渴望遭受毆打，無非是想藉此為自己的行為開脫。然而這種藉口根本多餘——即便沒有體罰，他照樣會犯下過錯；而若真施行體罰，恐怕只會讓他更輕易地重蹈覆轍。我要特別指出，這位監護人的所有言論根本稱不上是什麼新穎的科學見解，不過是從陳腐不堪的思想庫存裡翻出來的舊貨。這些話語既未提出任何真知灼見，僅僅暴露出當現行社會防護機制失靈時，人們面對此類惡行的束手無策。當然，在根本條件匱乏的情況下，**任何理論**都難以徹底消除重大惡行——這本是顯而易見的道理。但我們豈能默然旁觀他人奔向深淵？我

7 法庭或曾有過相關陳述，然格拉夫—諾爾德（Graf-Nold 1988）之記載未見此節。

8 當薩德格提出注6所引述的言論時，羅爾夫．胡格當即反駁表示，他寧願當初遭受體罰（參見Graf-Nold 1988，第298頁）。而在後續審理過程中，他更進一步批評其姑媽「所謂的寬容」，並直言自己本寧願接受「一頓痛打」，也勝過忍受她「無休止的瑣碎說教」（Graf-Nold 1988，第302頁）。

9 阿德勒此處所指應為作家奧諾雷．德．巴爾札克（Honoré de Balzac）。然經查考其全部著作，尚未能明確定位出與阿德勒此處暗示完全吻合的段落。

們應該銘記，關鍵不在於如何在惡劣環境中勉強行事，而在於為**社會上的孩童建立專門的教育機構**，提供正確引導，預防犯罪。**而且最重要的是，徹底摒棄「有人天生無可挽救」的謬誤思想。**

一九二七年——

勇氣教育

編輯說明

首次發表：

1927：〈勇氣教育〉（Die Erziehung zum Mut），發表於《國際個體心理學雜誌》第五卷，第324-326頁。

阿德勒的個體心理學在一九二〇年代後期已獲得國際廣泛認可，這與其著作的大量出版，以及在歐洲各大城市的頻繁演講密不可分（自一九二六年起，其演講活動亦擴展至美國）。

一九二七年，阿德勒受邀在第四屆國際「新教育聯盟」（New Education Fellowship）大會上發表演說。該聯盟成立於一九二一年法國加萊（Calais），旨在推動教育改革經驗交流與國際合作，德語區後稱其為「世界教育革新聯盟」（Weltbund zur Erneuerung der Erziehung）。此論壇曾於一九二三年蒙特勒（Montreux）、一九二五年海德堡舉辦過備受矚目的會議（Röhrs 1995）。第四屆大會選址瑞士洛迦諾（Locarno），其在教育史上具有重要意義，因為耶拿大學教授彼得．彼得森（Peter Petersen）於此首度提出改革教育學派（Reformpädagogik）的學校實施方案——「耶拿計畫」（Jena-Plan），並於大學附屬實驗中學進行實踐。該計畫日後成為德語區最具影響力的教育改革範式之一。

阿德勒在此次大會上的演講全文已散佚，惟《國際個體心理學期刊》仍保存其演說導論部分，題為〈勇氣教育〉（Adler 1927i/2009a）。此標題延續其核心論點，即唯有透過勇氣，個體方能採納「具社會效益」的生活風格（參見 Adler 1926l/2009a），更進一步將此命題發展為：教育之終極目的應在於勇氣的養成。

阿德勒於篇首即提出根本性詰問：如何建構具普遍效力的教育目標或指導理念，使其能超越意識形態立場、政治操作與歷史偶然形成的傳統桎梏。由此可見，其思想明顯受新康德主義關於規範確立與論證問題的影響（Blankertz 1982，第285頁）。據此，他主張「教育理想」必須同時滿足「普遍性」與「邏輯必然性」雙重要求；因為，如果「教育理想」之確立根源於人類思維的特殊性，而此思維又具備普遍效力之特質（Titze 1995b），則此「必然的」教育理念自當具有普世效力。然而，阿德勒未就此論證充分展開，反而在康德式方法論中融入功利主義判準：他強調教育指導思想必須具備「其實施結果能促進整體社會福祉」之特質。

勇氣教育[1]

確立教育目標時面臨的根本難題，在於如何以單一概念精準統攝所有目的——這個概念必須清晰到足以避免方向性謬誤或自我欺瞞。此項任務的設定方式須確保即便處境艱難，其核心原則仍能引導教育者與孩童遠離歧途。更重要的是，這套指導方針不應盲從傳統，絕不應僅源自傳統，因為生活關聯性的變遷，可能迫使我們必須改變生活習慣與需求，而這些調整對生存至關重要。而且它亦不可源於情緒衝動，或服膺於任何其他權威思想——無論宗教信條、民族主義抑或社會意識形態，即便這些理念在教育者的價值體系中占據要位。真正的指導原則必須具備持續演進的生命力，而非淪為僵化教條。從教育本質而言，宗教情懷、民族認同與社會意識等元素，僅是協助兒童覓得適切發展路徑的輔助工具；倘若無法達成此根本目的，則必須退居次要，甚至予以揚棄。

1　一九二七年八月五日，阿德勒於洛迦諾「新教育聯盟」會議上演講之引言。

然而，兒童的健全發展在很大程度上取決於教育者所持的基本信念。因此，在確立統一的教育目標前，必須先釐清這些前提立場。若能就某些原則達成共識——無論是基於科學的不可反駁性，或至少符合普遍理性，並將這些共識妥善融入教育目標之中，這將帶來決定性的好處。

若我們排除那些先天患有永久性精神障礙的兒童，那麼當代教育最值得重視的三項核心要求如下：1.理想的教育必須具備普遍適用性；2.必須符合思維的必然性；3.必須確保對群體的有益性。

1. 理想的教育必須具備普遍適用性

任何將兒童區分為服從階層與支配階層的教育體制都應予以廢除。與其選拔那些當前表現出較高天賦的個體，更重要的是促進那些表面看似缺乏才能者的發展。教育的核心任務不應再是發掘隱藏的才能，也不應是過度重視兒童青少年階段顯現的表層能力（例如透過考試成績評斷資質），而在於激發所有兒童的潛能。教育工作者必須較過往更深刻地理解，智力培養與品格塑造具有同等重要性。當前社會對智力、體能及道德發展可能性的認知仍過於局限。唯有擺脫「這些界限必然存在且必須維持」的迷思，我們才能真正拓展發展的疆界。在實踐中，教育者應始終以培養學生的志向與勇氣為首要目標，而非加以限制。

2. 可理解的理想教育

傳統與情感訴求不應成為教育的決定性因素，唯有透過理性理解，才能在教育形式上達成迫切需要的共識。當教育者與學生能深刻領悟所選擇道路的正確性，並以成熟的思考方式應對問題時，自然能展現獨立性與內在自信。更重要的是，唯有當他們的勇氣與進取精神植基於知識與洞察之上，這些特質才得以真正提升。作為理解教育任務的基礎，我必須推薦個體心理學的核心觀點：生命是個體透過「建構」（Konstruktion）而形成的成就——其方向在於從人與宇宙[2]、社群及異性這三大關係中，尋求大致正確的解

2 自一九二二年起，阿德勒提出一個觀點：所謂的「歸屬感」，不僅包含與他人的連結，更涵蓋與動物、植物、物體，乃至整個宇宙的聯繫（Adler 1927a/2007b，第54頁）。這一論述為「社群情懷」（Gemeinschaftsgefühl）的概念增添了新的維度（Seidenfuß 1995，第188頁）。事實上，阿德勒早在一九二二年修訂其關於「攻擊本能」的著作時，便已在相關段落中初步提及此一方向（Adler 1908b/2007a，一九二二年增補）。

決方案。而唯有勇敢者，方能全然投入這種建構性生命的任務。

3. 對群體福祉的貢獻

任何脫離群體福祉框架的成就，都將削弱個體的自我價值感，滋長自卑情結，並與生活中無可避免的社會任務及人際連結產生抵觸。這樣的個體不僅會遭受社群的非難，更會因違反人類共生法則（Logik des menschlichen Zusammenlebens）而面臨自然衍生的困境與懲罰。其生存狀態非但不會如預期般輕鬆，反而愈發艱難——他不會覺得自己是整體（Ganzen）的一部分，只能如置身敵境般體驗深刻的孤立感。個體的生命價值與真正珍貴的成就，始終奠基於對群體福祉的貢獻。而對他人的疏離態度，往往根源於對自身無用性的恐懼。正如個體心理學所揭示：這類人會藉由各種藉口與自我合理化，遠離生活現實，並以自欺欺人的方式，建構脫離群體福祉的虛假人生，藉此維護脆弱的存在感與人格認同。在此認知框架中，真理、勇氣與價值觀將作為社會性要素緊密連結——它們實為成熟社群情懷的展現，亦是同一生命風格的不同表徵。當孩童確信自己能透過有益途徑獲致價值時，自然會遠離無益的發展方向。個體心理學強調，培育此種認知正是勇氣教育的首要步驟。唯有當個體真正領悟「貢獻」的實質意涵時，方能以建設性方式追求卓越（或至少勇於嘗試），而非受制於遺傳或先天缺陷的桎梏而退縮。

以上三點相互關聯、不可分割，共同構成了理想教育的討論基礎。它們同時揭示了「勇氣培養」在教育中的核心地位——這正是個體心理學始終堅持的實踐原則：以理解為基礎的有意識引導。

若須簡要驗證上述觀點，只須審視最令教育工作者挫敗的典型案例：難以教養的兒童、精神官能症病患、自殺傾向者、罪犯與性工作者。在所有這些案例中，我們都會發現一個共同特徵：他們之所以走上這條道路，正是由於喪失了完成有益事務的勇氣。至於他們在多大程度上（無論合理與否）自認為被排除在普遍的教育理想之外，以及他們對這裡所探討的科學性教育理想的理解有多麼匱乏，這點雖不難察覺，但仍需要透過他們生活中的具體事實來加以驗證。我們能清晰觀察到：這些個體偏離了創造公共價值的道路，進而與社會整體產生衝突；同樣明顯的是，當前用於引導他們回歸的矯正手段，在本質上仍是完全不足的。

唯有當他們重新獲得勇氣，學會從社會情懷出發來確認自我價值，而非與之對抗時，才有可能真正被挽回。

II

論兒童的教育問題

一九〇五年——教育中的性問題

編輯說明

首次發表：

1905：《新社會：社會主義周刊》（*Die Neue Gesellschaft. Sozialistische Wochenschrift*）（柏林），新系列第一卷第八期，第360-362頁。

本文在阿德勒生前未再版，因文中的精神分析取向後期已偏離其思想體系。文中援引佛洛伊德同年著作《性學三論》（*Drei Abhandlungen zur Sexualtheorie*）作為「理論基礎」，但聚焦於教育場域的應用與可能的錯誤發展。阿德勒將性本能詮釋為個體與外界連結的核心驅力，主張須透過文化機制加以調控與昇華——此處隱含對佛洛伊德文明理論的參照。沿襲佛洛伊德觀點，阿德勒有系統地描述兒童階段顯現的性表現形式及性感帶分佈。他將對父母、師長與同儕的情感視為性衝動的昇華產物，但刻意淡化伊底帕斯情結的衝突性。全文反覆警示：過度刺激或壓抑性欲可能導致早熟性發展，進而引發多重發展偏差與文化適應障礙。同時嚴正反對以懲罰與威嚇手段處理兒童性表現。

《新社會》（*Die Neue Gesellschaft*）雜誌自一九〇三年由海因里希・布朗與莉莉・布朗（Heinrich Braun, Lily Braun）夫婦主持編務。該刊立場屬奧地利馬克思主義的修正主義流派，其鮮明的尼采式社會主義（Nietzscheanischer Sozialismus）傾向，在當時知識界引發顯著爭議。

教育中的性問題

我們通常公開討論性問題時，總不免帶著幾分歉意。這種避諱態度實有其深刻根源。傳統教育將性塑造成某種複雜而隱密的心理概念，若非經過內心掙扎便難以啟齒。社會對於試圖在此領域進行啟蒙者所表現的排斥反應，雖令人遺憾卻也情有可原——這種抵制不僅阻礙了性問題的理論發展，更對實際處遇工作造成雙重傷害。值得注意的是，無論在群體或個體層面，普遍存在著將性問題簡化為男性專屬議題的謬誤，或認為唯有都市文明才會迫使社會正視此課題。事實上，唯有通過個體意識的覺醒，方能將那種「原始欲望」（Urwillen）轉化為真正服膺於文化發展的驅力（Trieb）。

當人們困惑於人類性欲何以遲至青春期才顯著發展時，往往忽略更根本的疑問——性欲的本源究竟何在？然而，基於教育實證與對兒童心理的日益了解，我們必須正視，人類自呱呱墜地之初便具備性欲特質[1]。但凡深入觀察嬰兒行為者，尤其是目睹其吮吸母乳時展現的急切與亢奮狀態，勢必產生質疑：這不正是某種感官愉悅與情欲體驗的雛形？對嬰孩而言，母親懷抱所提供的慰藉與滿足無可比擬；即便生理飢渴已獲紓解，肌膚相親的溫暖仍遠勝單純的飽足感。當嬰兒因飢餓、病痛或不適而哭鬧時，只要重歸母親臂彎——縱使未有乳汁哺餵，甚或僅以奶嘴替代——躁動的小生命便會奇蹟般平靜下來。值得注意的是，這種原始階段的性欲體驗具有終生不可複製的特質，它彌散於全身各處，浸潤每個細胞；當嬰兒任何部位的感官被刻意刺激時，便會激盪出某種滲透全身的幸福感。特別是肌膚的撫觸與溫水沐浴，總能引發嬰孩顯著的愉悅與興奮狀態。若輕壓嬰幼兒的眼瞼或耳朵，亦能誘發類似的快感反應。事實上，人類從生命最初階段便已展現出對感官愉悅的明確回應，此種本能傾向往往具有驚人的延續性——縱然受到層層約束，口腔與黏膜區域終生保留著其情欲潛質。典型例證可見於幼兒吸吮拇指或啃咬唇瓣等習性，即便父母施以各種教育手段，此類行為仍難以根除。無須贅言，親吻行為本質上正是透過口腔原始快感機制來實現情欲交流。至於皮膚組織，其感官愉悅能力從未

1 阿德勒注：對本研究的理論基礎及其觀點有興趣者，可參閱佛洛伊德《性學三論》（一九〇五年，萊比錫與維也納出版）（Freud 1905）。

真正喪失；那些在發育過程中較少承受機械摩擦的區域（如腋窩、頸項與足底），尤其容易對觸覺刺激產生感性反應。而面部與耳部區域的快感機制，則值得專文探討。

首先，我們必須釐清一個問題：大自然賦予嬰兒性欲本能的目的為何？這種現象的意義與重要性，以及感官為何愉悅遍佈全身，尤其顯著分配於各感覺器官（含嗅覺器官），其根本原因在於：透過對快感的渴求與滿足，驅使個體運用所有感官與外界建立連結，以攝取各種印象與養分。性衝動（即細胞層級的感官愉悅機制）實為引導兒童接觸外界環境、開啟社會互動的關鍵樞紐。因此在教育範疇中，性欲的目的僅服務於此目的！由此觀之，視覺與聽覺器官的培育尤為教養要務，因為此二者最能迅捷獲取感官愉悅，亦最易昇華為文化性目的。

在教養過程中若缺乏此種認知，往往在初始階段便會造成深遠的損害。兒童文化適應能力的發展，關鍵在於能否將其感官驅力所導向的行動能力，**轉化**為細胞複合體所能承載的文化創造力。如果兒童對感官刺激的敏感度呈現病態亢進，並將即時快感滿足確立為終極目標時，此種轉化機制便會遭到阻滯，進而導致文化適應功能的發展遲滯。

這種人為強化自然感官愉悅的手段，不僅可能誘發性早熟現象，更將為日後的性倒錯傾向埋下伏筆；而那種根植於生命早期的、難以名狀的委屈感亦與此相關。在現代文明的生活架構中，個體必須發展出關鍵的心理能力——即在達成令人滿意的目標前，能夠持續調動精神能量全神貫注，承受願望延宕或落空而依然保持必要的張力與耐性。真正彰顯個體文化成熟度的標誌，恰在於其能否在目標導向的生命歷險中，不畏試煉與艱辛。此種能力必須在童年早階段完成奠基。倘若個體從襁褓時期至童年階段，所有需求滿足皆藉由過度感官刺激來達成——無論是過量餵食、持續搖晃哄逗，抑或以遊戲刺激取代生存必需品的單純供給——其心理力量對感官欲望的控制能力將低於顯著弱於常人。

兒童與外界建立的性相關聯結實則更為廣泛。舉凡四肢的運動——奔跑、跳躍、縱跳，乃至後期的摔角與體操，特別是攀爬、擺盪及騎馬，全都可能引發相應的感官刺激。當這些行為明顯以追求情欲快感為主要目的，而非單純的肢體鍛鍊時，教育者便須對這類缺乏節制的行為進行約束。

嬰兒期的性器官已具備感受刺激的生理機能，排泄系統同樣能產生滿足感。這類身體區域的影響力甚至會延續至兒童發展後期。幼兒透過觸碰這些敏感部位獲取感官愉悅的現象實屬常見。某些經驗老道的保母深諳此道，甚至會透過撫弄嬰孩性器官來安撫哭泣的嬰孩，使其安靜入眠。但如前所述，此類經驗易促使性欲過早覺醒，不僅阻礙「文化適應能力[2]」的形成，更可能引發道德偏差。此時教育者將完全喪失引導權。資深教育工作者發現，當學齡兒童出現以下症狀時，往往須考量性早熟因素：課堂失序行為（即便已過嬰幼兒期）說謊與偷竊傾向、學業表現急遽惡化、注意力渙散、羞恥感缺失、偏差行為、縱火衝動，至於年長兒童則可能呈現社交畏懼、持續性情緒低落，以及過度沉溺幻想世界的現象。其中，反覆咬指甲與挖鼻孔等固著行為，尤為值得關注的診斷線索。

排泄快感與兒童性發展存在顯著關聯性。此種心理—生理連結即便在發展正常的兒童身上，仍可發現其殘留跡象。其表現為頻繁如廁，偏好在公共場合或同伴面前排泄，屬於較為無害的快感獲取模式。然而部分兒童案例已達需要醫療介入之程度——這類患童往往面色蒼白，刻意抑制排泄需求（尤以抗拒使用學校廁所為典型），課堂注意力渙散，伴隨反覆抱怨頭痛，且慣性延遲如廁，直至生理極限。若排除癲癇症狀因素，遺尿現象可視為性早熟的相當可靠徵兆。先前討論的早熟者道德敗壞現象，與青少年犯罪者及神經質患者中常見的遺尿症之間，存在顯著關聯。更進一步說，夜驚、焦慮性發作、

2 譯注：指調節本能衝動的心理發展進程。

病態恐懼，以及顏面抽搐與眼瞼痙攣等表徵，本質上皆應被視為內心困境的徵兆，是對洶湧來襲的性衝動所產生的防衛反應。

性早熟現象的發生，其首要誘因多源於有意或無意的性刺激。其中尤以「扮演醫生」之類的兒童遊戲最為普遍且須負相當責任。至於其他成因，則包含家族遺傳、梅毒病史、酒精成癮或近親通婚等。其中最應受嚴正譴責者，是父母行房時不夠謹慎——狹隘的居住環境與酗酒惡習，在此情境中往往有明顯影響。此外，家庭衝突亦具嚴重危害性，尤當孩童被迫捲入紛爭而必須表態時，其負面效應更為深刻。

這是性本能異常發展，甚或趨向病態的演變過程。正常發展路徑則恰恰相反——出生後第二至第三年起，原始性本能會逐漸減弱，轉化為僅限於裸露身體與排泄時的羞恥感；繼而對排泄物萌生厭惡；不再如嬰兒期慣於將物品放入口中；同時形成對父母單方（或較罕見地對雙方）的情感依戀。更精確地說，如果深入觀察可發現：正是這份對父母的愛，促使孩童將感官興趣轉化為羞恥感與厭惡感。兒童天性中原先顯著的感官傾向明顯消退，取而代之的是對父親或母親的孺慕之情，此情感將成為其日後接受文化教化的重要引導。女孩初期通常會傾向與父親比較親近，男孩則傾向母親；隨著心理成長，女孩逐漸認同母親，男孩則轉向父親。我們因此可以清楚看見兒童對偏好對象的模仿學習機制。然而，我們必須警惕這種情感偏好的極端發展。遺憾的是，父母常因享受被獨佔的親密感而縱容此現象。要特別強調的是，若放任兒童將這種情感連結視為終極目標，其本質上源自原始性本能的能量，可能在某些情境下顯現出性衝動特徵。那些過度的肢體親密——包括溺愛、頻繁的擁抱愛撫，或容許兒童與父母同寢等不當習慣，都可能成為潛抑性本能的釋放途徑。

若非如此，性衝動將隨著兒童對漸進式文化要求的適應，逐漸消退至僅殘存微弱痕跡。然而，偶發的明確衝動現象，恰恰證實這種驅力從未真正消失，而是經歷了長期的壓抑與昇華過程——此現象在兒童約八歲階段尤為顯著。就公立學童而言，此年齡層正處於教室擁擠、教師監管難以周全的環境，特別容易陷入手淫誘惑。在天主教區域，告解聖事更實質性地干擾了感官衝動的自然發展路徑，正如天主教會擅長將兒童性欲現象轉化為符合其教義框架的詮釋[3]。值得注意的是，此發展階段伴隨兒童社交圈擴張，親密友誼關係可能衍生情欲成分，其心理機制與對父母、師長產生不當性遐想實屬同源。

若在這些性早熟的孩童中，有已發展至手淫的程度，或如寄宿學校等封閉環境中常

3 譯注：此處呼應原罪論中對肉身欲念的否定性定位。

見的性偏差現象，矯正工作將變得異常艱難。實證顯示，體罰與嚴厲懲戒徒勞無功，唯有透過建立情感連結與持續的友善引導，才可能促使這類孩童回歸常態發展。追蹤研究顯示，當這些過早出現手淫行為的個體首次體驗真實的情感互動——特別是初戀經驗——就會停止其強迫性手淫行為。

誠然，多數性欲早熟者會因性格發展缺陷——諸如獨立性匱乏與勇氣喪失——伴隨智力發展遲滯，或是後續顯現的精神官能症徵狀而深受其害。但是，那些能成功克服此早熟狀態的孩童，往往在智力發展或藝術造詣上展現非凡成就。

在正常發展情況下，未十四歲的兒童通常不會表現出過度的性衝動。因此，除了少數例外情況（且這些例外往往持續時間短暫），在當代社會環境下，暫時性的手淫行為不應被視為病理現象。然而，性欲的顯著增強似乎與性腺發育密切相關，並對心理平衡造成重大影響。此階段的男孩會進入一個極具批判性的時期，與父母及師長間的關係劍拔弩張。在此發展關鍵期，唯有那些早已建立起學生信任的教育者，方能持續獲得他們的敬重。值得注意的是，在這段充滿動盪與壓力的時期，某種心理果實正逐漸成熟——其功能在於緩解日益擴大的心理困擾。這便是哲學觀與政治世界觀的初步形成，亦即個體最終人生觀的奠基階段。

另一方面，十四歲後實為性啟蒙的關鍵階段。任何以威脅、懲戒或恐懼手段削弱青少年人生勇氣之做法，皆應避免。重點在於使青年真切體認自主調節性衝動的重要性。此種認知所產生的自制力，遠勝於外在禁令與恐懼所強制之效果。

對於那些已出現異常行為的案例，我認為應由受過醫學訓練之教育專家介入輔導——儘管這類專業人員目前仍相當稀缺。最不可取的做法莫過於訴諸體罰、恫嚇，或如時下些通俗刊物常態，以「將招致現世報應」、「罹患惡疾」等危言聳聽之詞來對待性偏差行為。問題的本質從不在孩童本身，而總是在於教育，這正是教育必須與時俱進的根本原因。當然，教育之困境往往源於缺乏認知，但有時也受限於時間匱乏、經濟拮据、居住環境侷促、班級規模過大，以及監管力度不足等現實因素。

一九一〇年——

論自殺，特別是學生自殺

編輯說明

首次發表：

1910：《維也納精神分析學會論集》（*Diskussionen des Wiener psychoanalytischen Vereins*）首冊，第44-50頁，協會出版。威斯巴登，Bergmann出版社。

再版資訊：

1914：《治療與教育》（*Heilen und Bilden*）第356-363頁。

1922：《治療與教育》第281-286頁。

1928：《治療與教育》第206-211頁。

《維也納精神分析學會論集》首冊收錄了阿德勒具開創性的論文〈論自殺，特別是學生自殺〉（Über den Selbstmord, insbesondere den Schülerselbstmord, 1910），該文從個體心理學角度剖析青少年自殺的社會心理機制。此論集另彙編了學會核心成員的多篇著作，包括佛洛伊德撰寫的導言與結論、弗里德榮格（Johann Friedjung）關於教育心理學的探討，以及莫利托（Karl Molitor，即卡爾．富特穆勒〔Carl Furtmüller〕的筆名）、賴特勒（Rudolf Reitler）、薩德格（Isidor Sadger）、斯特克爾（Wilhelm Stekel）等人的研究。其中「烏努斯莫爾托勒姆」（Unus multorum，意為「眾中之一」）實為學會成員奧本海默（Darid Ernst Oppenheim）的匿名筆名，反映當時學界對爭議議題的謹慎態度。

佛洛伊德為該論集撰寫了導言與結論，而阿德勒則代表「學會」撰寫了前言。在前言中，他闡明此論集旨在向「更廣泛的群體」系統性介紹精神分析學派基本框架理論，並概要闡述精神分析理論與精神分析方法的核心原則。

在正式出版前，維也納精神分析學會曾於一九一〇年四月二十日與二十七日兩度召開專題會議討論學生自殺現象（參見一九七七年出版之《會議記錄》第二卷）。阿德勒除於四月二十七日會議發表專題報告（見該書第464-466頁），更以學會主席身份在二十日會議中提案以「小冊子」（Broschüre）形式出版相關研究成果。

此議題之背景是維也納中學生自殺事件引發社會輿論強烈指責教育體系。早於一九一〇年三月十六日，奧本海默（D. E. Oppenheim）即於學會引介赫爾曼・斯沃博達（Hermann Swoboda 1910）針對當代學生自殺現象之研究。斯沃博達在文中為學校制度辯護，並將學生「性衝動」（Sexualtrieb）列為主要肇因（《會議記錄》第二卷〔1977〕）。此觀點直接促使斯特克爾（Wilhelm Stekel）提案召開專題學術辯論。

本次學術討論以奧本海默於一九一〇年四月二十日在維也納精神分析學會發表的專

題報告為基礎。該報告是針對貝爾（Abraham Adolf Baer）關於兒童自殺現象一書所進行的批判性探討。

與會學者討論氣氛融洽，並就多重面向展開深度對話，內容涵蓋：統計的重要性、學校的角色、性欲與同性戀、罪惡感、報復衝動，以及與精神官能症的關係。值得注意的是，佛洛伊德在會議中（Freud 1910b/1977；《會議記錄》第二卷）中特別對學校教育的壓迫性本質提出尖銳批判。

阿德勒以鮮明的臨床視角，闡述其早期精神官能症的核心命題——個體在「軟弱感」與「誇大妄想」的兩極間擺盪，表現為「男性化」與「女性化」的心理張力。他認為，自殺行為與精神官能症共享同一心理：自殺者通過所謂的「陽性行為」（männliche Tat）（即「陽性抗爭」〔männliche Protest〕）來逃避對自身自卑感的認知，亦隱含著對他者的報復性示威。值得注意的是，阿德勒並未特別著墨學校環境的影響因素。

該論文曾兩度重刊：首度於一九一四年與奧本海默、莫利托合輯為〈對學生自殺問題的三大論述〉（Drei Beiträge zum Problem des Schülerselbstmords），刊於《治療與教育》期刊；一九二二年再版時，阿德勒對原文略作修訂。一九二八年該期刊推出專題合輯，將阿德勒修正後的版本與莫利托、金克爾（Fritz Künkel）的後續研究並列呈現。

在各版本中僅有少量修改，實質變動主要見於一九二二年版。

論自殺，特別是學生自殺

如果統計的目的是為了瞭解自殺案件的發生頻率及其相關背景，那麼它確實具有參考價值。然而，若想從中推論個別心理特徵，或深入理解自殺動機，僅靠統計數據是不夠的。因為在動機尚未完全釐清之前，人們往往過早地將責任歸咎於機構或個人。貧窮、學校設施不足、教育方式不當，乃至我們文化中的種種缺陷，都可能成為部分原因。

但這些因素能讓我們真正理解自殺者的**心理狀態**嗎？能揭示促使他們走向死亡的**真正動力**嗎？——即使我們知道人口密集地區的自殺率通常較高，或某些月份的自殺案件特別多，我們是否能從中得到一個**足以解釋的動機**？答案是否定的。我們只能發現，自殺和其他社會現象一樣，遵循大數法則，並與其他社會因素存在某種關聯。

自殺始終只能被理解為一種個體行為，儘管其形成必然涉及特定的社會條件及後果。

這個問題的性質令人聯想到精神官能症理論的演進歷程。只要我們對自殺者的心理結構與動機尚未充分掌握，就不可能真正理解自殺現象，更遑論發展出根本性的治療方法。

即便[1]我們能透過社會介入手段（如倫敦救世軍呼籲有意自殺者主動尋求慰藉與協助）暫時阻止部分自殺案例，或確實可藉由強化宗教信仰、改良教育方式、推動社會改革及建立援助體系等途徑，實質降低自殺發生率；但釐清自殺行為背後的心理機制與精神動力，仍具備不可替代的學術價值。這項研究的意義體現在兩方面：一方面是透過教育與社會改革的手段，實現個人及群體層面的預防工作；另一方面，則因為自殺者的心理結構顯然與特定精神狀態及心理傾向存在關聯性，尤其是與神經症及精神疾病相關的狀態。因此，若能成功建立這種關聯的系統性分析，則兩個研究領域的成果或可產生互為啟發的協同效應。

這種將個體背景納入整體考量的研究取向，基本上獲得社會大眾的認同，因為當論及自殺議題時，公眾往往傾向將其歸因於精神異常的必然結果。而當代精神病學的實證

1 一九二二年版增補：「如有些人誤信」。

研究，同樣佐證了精神病理與自殺行為之間的顯著關聯。

那麼，對於採用精神分析法[2]的神經科醫師而言，可運用哪些具體材料來探究自殺問題呢？

「自殺完成」使我們喪失了透過問診或反應測試等直接觀察手段獲取資料的可能性。在此情況下，研究者僅能仰賴文字記錄與周遭人士的陳述，但必須審慎評估這些材料的有效性——唯有當其與基礎心理學研究成果相互印證時，方具詮釋價值。尤須注意的是，自殺者往往會隱藏其**異常敏感的心理特質**。

因此，唯有透過那些自殺未遂的案例，以及臨床上常見未付諸行動的自殺衝動，方能以精神分析方法[3]進行有效研究。這種取徑固然使問題複雜化——此類個案往往帶有矛盾妥協的特質：既在手段選擇上躊躇不定（或選用難以致命的方式），同時又於求死意念中潛藏獲救的期待。

然而，這**仍是唯一**能確切**辨識求死者**的心理特質，並**釐清其行為動機的研究途徑**。

根據現有證據，我敢斷言：自殺決策的形成條件，與某種神經疾病（如神經衰弱、焦慮

2 一九一四年版將「精神分析法」修訂成「個體心理學檢查」。

3 一九一四年版將「精神分析方法」修訂為「個體心理學」。

與強迫性神經症、歇斯底里、偏執狂）的發病機制相同。此種「精神官能動力」（neurotische Dynamik）的運作模式，我已於〈論精神官能傾向〉（Über neurotische Disposition）[4]與〈生活與精神官能症中的心理雙性現象〉（Psychischer Hermaphroditismus im Leben und in der Neurose）[5]等著作中詳述，其理論根基是延續我在**《論器官劣勢研究》**（*Studie über Minderwertigkeit von Organen*）（Adler 1907a）的核心觀點。這些研究的要旨如下：

每個孩子都在一種迫使他們承擔雙重角色的環境中成長，這種角色衝突雖未必被意識察覺，卻在情感層面深刻烙印。一方面，因為生理弱勢與生存依賴性，使得他們會自然萌生對溫情的渴求、對扶持的企盼；但另一方面，他們又必須迅速適應社會對弱者施加的服從要求——唯有通過順從與屈從，才能換取養育者的關愛與驅力滿足（Trieb-Befriedigung）。成年人表現出的順從、宗教信仰、權威崇拜等特質（在神經質患者身上則呈現為易受暗示性〔Suggesttbilität〕、催眠易感性及受虐傾向），皆根源於這種童年期

4 阿德勒注：參見《精神分析與精神病理學研究年鑑》（*Jahrbuch f. psychoanalytische und psychopathologische Fortsetzungen*）一九〇九年，Deuticke 出版，柏林，維也納。（Adler 1909a）

5 阿德勒注：參見《醫學進展》（*Fortschritt der Medizin*）一九一〇年第十六期，Thieme 出版社，萊比錫。（Adler 1910c）

的弱小感。值得注意的是，這些心理狀態往往隱含輕微攻擊性，因其本質是試圖從周遭環境中獲取愛與驅力滿足的適應機制。

與此同時，兒童的自主性逐漸顯現，特別在成長過程中，其**獨立傾向、自我膨脹及反抗特質**愈發明顯，與**早期順從姿態形成鮮明對比**。誠然，我們不難發現，這種矛盾態度會隨著兒童對「虛妄自大」（Grossmannssucht）的渴望及驅力（Trieb）的滿足需求（如食欲、表現欲等）而加劇，而外在壓力更強化了此一衝突。**此種心理張力本質上源於內在二元對立：既存在順從權威的生存需求，卻又面臨欲望滿足的結構性缺陷**。兒童會敏銳地察覺到，在其微觀的小世界裡，「力量」才是最重要的，而這點在宏觀的成人世界裡不斷獲得驗證。因此，兒童僅會策略性地保留那些能換取情感報償的順從特質——無論是關愛、讚美、特殊待遇或物質獎勵。不幸的是，正是孩子這種生存依賴模式容易使其誤入**歧途**，某些個體甚至會在潛意識中**傾向**建構特殊情境——使得日後形成必須依賴**他人幫助**的關係。這類孩童在生活、學校及社交場域中，往往會以體弱多病、動作笨拙、性格怯懦或意志薄弱等特質作為人際互動的籌碼，藉此喚起他人同情、獲取協助並避免孤獨處境。當此種期待落空時，他們便會感到受侮辱，甚至產生被刻意忽視或迫害的妄想。**值得注意的是，他們某種過度敏感會嚴密防範其脆弱本質遭人識破**，並慣於將自身不幸歸因於命運捉弄、時運不濟、教育缺失、父母過失或社會不公——這種自我憐憫的傾向若持續加劇，可能惡化為疑病症（hypochondriasis）、厭世傾向，乃至各類精神官能症狀。更極端的情況是，他們對憐憫與獲得特殊待遇的渴求會強烈到將疾病轉化為吸引關注的工具，甚至成為**逃避所有人生決策**的藉口。**這種「決策恐懼症」（尤以神經質者的考試焦慮為典型）不僅導致其難以完成任何事務，伴隨而來的極度焦躁與時間壓迫感，更使「等待」**（無論是等待決策或成功降臨）**成為難以承受的精神折磨。唯有了解其潛意識中誇大的幻想圖景，以及他們在現實無法兌現這些幻想時所產生的內心煎熬，我們才能真正理解這種矛盾心理狀態的根源。**

這種心理內在的張力——從孩童的弱小轉變為虛誇欲——會持續伴隨着焦慮、不安及對自身能力的懷疑等情緒，但同時也受這些情緒所維繫。而這種對比效應的動態作用越強，野心與虛榮的特質便會發展得越發過度。

透過精神分析方法[6]溯源至童年期成因，我們得以揭露這些心理張力的根本源頭，並證實其深遠影響、強韌作用及顯著的持續性。在所有研究案例中——無論是**神經衰弱**

6 一九一四年版將「精神分析方法」修訂成「個體心理學」。

患者、天賦異稟者，抑或可被研究的自殺傾向個體——均能證明，**他們於生命早期便存在異常深刻的自卑感**。早在數年前，我已將此種感受的起源**歸因於特定器官及器官系統的先天劣勢**，這種生物性缺陷使兒童自出生起，即因為體質孱弱、動作笨拙、外貌缺陷或畸形，以及童年期特徵性症狀（諸如遺尿、排便障礙、語言發展遲滯、口吃、視聽覺異常等），處於不利境地。[7]

這種自卑感常驅使個體進行**過度補償**——透過意識性的心智訓練來克服自身缺陷——而這種努力往往能成功，卻總會在心理層面留下難以磨滅的印記。曾有遺尿問題的兒童可能發展出潔癖傾向，並對膀胱控制異常敏感；幼時排便失禁者可能培養出特殊的感官敏銳度；天生視覺缺陷者有時會成為畫家或詩人；而有口吃問題的德摩斯梯尼（Demosthenes）最終成為古希臘最偉大的演說家。[8]這些個體的生命軌跡始終伴隨著難以遏制的成就渴望，那種持續的極度敏感性恰恰確保了他們的文化成就高度。然而在此

---

7 阿德勒注：近來，**巴特爾**（維也納）（Bartel 1908）將這種器官低劣性（Organminderwertigkeit）的一個特殊案例——**淋巴**體質（lymphatische Konstitution）——與自殺行為聯繫起來。按照這位作者所採用的廣義解釋，這種體質（正如我所強調的器官低劣性一樣）最終也可能成為精神官能症的基礎。理解這兩者關聯的關鍵，均在於孩童時期的自卑感。【一九二二年增補】：此外，這種自卑感也可能源於教育失當、缺乏關愛或過度溺愛。

8 阿德勒注：另見 J. Reich，〈藝術與眼睛〉（Kunst und Auge），《奧地利週刊》（*Österreichische Wochenschrift*）（Reich 1908）。

發展過程中，亦可能衍生報復心、苛求完美、吝嗇與嫉妒等性格特質，甚至表現出過度強調男性氣概的行為，以及殘忍與施虐傾向。

唯有一種關聯性因素（Relation）會進一步激化這種心理張力，並使這種對立狀態獲得轉化為病態形式的動力——那便是普遍存在的**心理雙性**現象。這種雙重角色經常導致許多孩童根據實際經驗形成一種**誤導性的類比判斷**。此種類比自古以來便吸引著許多人，甚至包括**叔本華**、**尼采**、**莫比烏斯**（Moebius）、**魏寧格**（Weininger）[9]等傑出思想家，他們都曾試圖以詭辯來支持這種類比：**即將「順從」的特質等同於女性氣質，而將「掌控」的特質等同於男性氣質**。這種價值觀往往透過家庭關係與周遭環境強加於孩童。孩子們逐漸將所有攻擊性與主動性歸類為男性特質，被動性則視為女性特質。於是孩童的追求便從順服轉向反抗，從服從變為惡意——簡言之，即脫離幼年期的溫順柔和軌跡，轉而陷入膨脹的自大狂、頑固、仇恨與復仇的道路。最終，在某些情境下（特別是當自卑感格外強烈時），無論男孩或女孩都會爆發激烈的「陽性抗爭」。此時，若孩童發現自身的脆弱與缺陷能成為獲取關注、掌控周遭的武器，他們必會毫不猶豫地運用這

9 Moebius 1900；Weininger 1903/1980

種手段——無論是藉由生病、頭痛或尿床等症狀，來換取他人持續的關照與某種支配權。由此，**潛意識中將會形塑出一種特殊心理情境：孩子開始渴望疾病，甚至於自己的死亡。此種渴望一方面意在使親人痛苦，另一方面則要迫使他們正視，失去這個「長期被忽視」的個體究竟意味著什麼。**根據我的臨床觀察，此類心理機制正是誘發自殺行為與自殺企圖的典型成因。值得注意的是，**隨著個體成長，這種報復性衝動的對象往往從父母轉移至教師、戀人、社會體制，乃至於整個世界。**

我必須在此簡要說明：這類「陽性抗爭」背後的核心驅力，往往源自孩童對自身性別角色（無論當下或未來）的模糊認知。這種不確定性會引發雙重生活（double vie）、意識分裂，以及神經質患者特有的疑慮與優柔寡斷，更會以驚人力度促使青少年通過各種形式展現所謂「陽性抗爭」。**此種強烈驅力不僅加劇早期性表現與自戀行為**——例如強迫性手淫——更推動當事人追求那些被社會標籤為「陽剛特質」的性實踐**（如唐璜式風流、梅薩利娜式縱欲、性倒錯、亂倫或強暴等）**。這些行為本質上已淪為「陽性抗爭」的符號化展演。甚至愛情本身也遭異化，淪為一種永不饜足的征服欲望。性滿足在此被工具化：或作為男子氣概的證明手段，**或如同手淫般成為自我戕害以實現報復式心理補**

償[10]的行為模式。**此種機制最終為潛在的自殺傾向鋪設溫床——當自毀衝動取代手淫快感時，死亡欲望便完成了對性欲望的終極置換**[11]。

自殺意念的出現，與精神官能症、精神官能失調或精神病處於相同的心理狀態。自殺行為、精神病及精神官能症皆根源於相似的心理機制——當具有特定易感特質的個體遭遇挫折或貶抑時，這種機制會被啟動，並重新喚醒童年時期形成的自卑情結。**自殺與精神官能症本質上皆屬過度緊繃的心理狀態，企圖逃避對自身自卑感的認知，因此二者時常相伴而生。**而在某些案例中，先天因素（如強烈的攻擊驅力）或模仿行為亦可能強化自殺傾向。所謂「遺傳性自殺傾向」可透過精神分析方法[12]介入進行預防。此療法能解構童年時期形成的自卑情結，將其從誇大的認知狀態回歸現實基準，透過矯正扭曲的價值體觀，將過度的男性抗爭導向更成熟的意識調控層面。**自殺與精神官能症本質上皆是對過度敏感的動機刺激、貶抑體驗及挫折感的幼稚化反應模式。由此觀之，自殺行**

10　阿德勒一九二二年版注：以及逃避決擇。

11　一九二二年版刪除對「此種機制……終極置換」的注：青少年自殺往往明顯頻繁地發生在與手淫強迫症徒勞抗爭的終點——這種強迫症以看似令人信服的方式，使患者深刻感受到自身的無力感。類似於女性在月經期間的不適，會強化這種「對女性特質的貶抑感」。眾所周知，在此期間，不僅神經性不適症狀加劇，自殺案例也隨之增加，這清楚驗證了上述論點。

12　一九一四年將「精神分析方法」修訂成「個體心理學」。

為——正如精神官能症與精神病一樣——本質上是一種防禦機制，企圖以反文化的方式逃避生命困境及其帶來的挫敗感[13]。

13 一九二二年增補：「當然，只有那些能夠抑制其社群情懷，只考慮自己而不考慮他人的人，才可能採取此類反應方式。」

論兒童心理學與精神官能症研究

一九一四年——

編輯說明

首次發表：

1914j：〈論兒童心理學與精神官能症研究〉（Zur Kinderpsychologie und Neurosen-forschung），刊載於《維也納臨床週刊》（*Wiener klinische Wochenschrift*）第二十七期，第511-516頁。

再版資訊：

1914e：〈論兒童心理學與精神官能症研究〉，收錄於《病理心理學雜誌》（*Zeitschrift für Pathopsychologie*）增刊第一卷，第35-52頁。

1915：〈論兒童心理學與精神官能症研究〉，收錄於 A. Neuer主編〈國際醫學心理治療大會報告：一九一三年九月維也納會議〉（Bericht über den Internationalen Kongress für medizinische Psychotherapie），刊載於《心理治療與醫學心理學雜誌》（*Zeitschrift für Psychotherapie und medizinische Psychologie*）第六期，第198-202頁。

1974a：〈論兒童心理學與精神官能症研究〉，收錄於：A. Adler主編《個體心理學的理論與實踐：針對醫生、心理學家和教師的心理治療導論演講集》（*Praxis und Theorie der Individualpsychologie: Vorträge zur Einführung in die Psychotherapie für Ärzte,*

Psychologen und Lehrer），由W. Metzger重新編輯（根據一九三〇年第四版重印），法蘭克福：Fischer Taschenbuch出版社，第74-90頁。

「國際臨床心理學與心理治療協會」（Internationalen Vereins für medizinische Psychologie und Psychotherapie）第四次大會於一九一三年九月十九日在維也納召開，由歐根·布洛伊爾（Eugen Bleuler）擔任大會主席。阿德勒在本次為期兩天的學術會議中發表了題為「兒童心理學與精神官能症研究」的專題演講。

阿德勒的演講稿於隔年同時以兩種版本出版：一個在語言和拼寫上都未經仔細校對的版本發表在研討會的報告中，報告是以「增刊」方式與《病理心理學雜誌》一起付印。幾乎同時阿德勒在於《維也納臨床週刊》上發表了修訂版。此外，亞歷山大·諾伊爾（Alexander Neuer）於一九一五年在《心理治療與醫學心理學雜誌》上發表的多頁大會報告中也涵括了阿德勒演講稿的較長摘錄。以下文本（Adler 1914/2009a）是以一九一四年《維也納醫學週刊》的版本為準。

阿德勒的文本分為兩大部分，並以十項總結性論述作結。在1914e版本中，這些結論性論述前還包含一段重要內容，其中阿德勒特別論及魔法信仰與巫術妄想的心理機制。

這篇論文在以下幾個面向具有獨特的學術價值：

阿德勒闡述了其與佛洛伊德學派分道揚鑣後建立的理論體系核心，這些理論框架已完整呈現於其一九一二年出版的著作《論神經質性格》（*Über den nervösen Charakter*）中。文中特別著重探討了個體心理學的基本命題：人類行為具有目標導向性，而這種特性往往表現為潛意識層面對強大感及優越感的持續追求。這種追求動力會促使精神官能症患者將「生病」作為手段，藉此獲取家人、治療師，乃至周遭環境如同父母照料幼兒般的全方位關注。

阿德勒反覆論證一個關鍵觀點：這種對強大感和優越感的追求，實質上遵循著個體在潛意識中建構的生命風格計畫（Lebensplan）。該計畫的雛形早在兒童早期階段即已基於（特別是與主要照顧者）的經驗而形成。從阿德勒的視角來看，這個生命風格計畫不僅貫穿個體的所有行為模式，更直接影響那些最終導致精神官能症（和精神病）症狀形成的心理過程。

基於此理論架構，阿德勒提出個體心理學的詮釋方式應著重於：將所有心理表徵理解為個體生命風格計畫的表達。為闡明這一核心概念，阿德勒選取八個臨床案例來解釋這一核心思想，其中對一位有歇斯底里症狀女性的案例解析堪稱典範。該分析生動展現了阿德勒如何在症狀細節的微觀考察，以及其「背後」的生命風格計畫的宏觀把握之間建立辯證關係，最終成功解讀出這位女性各種行為背後統一的目標導向性。

在此分享過程中，阿德勒的另一個重要理論假設也變得更清晰：與個體生命風格計畫相對應的心理過程，在很大的程度上是在潛意識中進行的，而正是這種潛意識特性賦予其強大的心理影響力。

阿德勒論述中反覆援引「陽性抗爭」（männliche Protest）概念，強調人類心理普遍存在將「優越感」等同於「男性特質」，將「自卑感」與「女性特質」相互連結的認知模式。阿德勒認為這種心理機制根源於社會的普世價值，並由此引發關鍵教育命題：在既定社會框架下，如何透過教育手段防止女性過度發展自卑情結？對此，阿德勒主張引導青春期少女認知到，雖然性別歸屬是無法改變，但與之相關的社會劣勢與困境，實則與其他人生問題一樣，皆可透過理性認知與積極應對來化解。

論兒童心理學與精神官能症研究

I

兒童與精神官能症患者在環境關係中的**共同特徵**，可簡述為缺乏生活自主性。兩者皆未能發展出獨立應對生活任務的能力，而須持續仰賴他人協助。精神官能症患者對此的依賴程度，更遠超出社會連帶法則的合理範圍。兒童的依賴對象限於家庭，精神官能症患者則擴及家庭、醫療人員與社會環境。兒童以脆弱性獲取照護，精神官能症患者則將「病態生存狀態」（Kranksein）作為手段，迫使他人承擔更多責任或作出更大犧牲。此過程不僅顯露其缺陷，同時也彰顯其隱含的優勢地位。

這「強化需求」（verstärkte Forderungen）的相似性已具比較價值。而「比較個體心理學」（vergleichende Individualpychologie）的發現更具啟發性：個體的心理特質實為生命歷程的濃縮體現，猶如通過透鏡同時觀照其過去經驗、當下狀態、未來指向，以及終極目標。縱然須經長期實證研究，我們仍可從個體的行為模式、表達特徵及生存策略（Modus Vivendi）中，辨識出其對外部影響的反應。

基於此理論框架，個體心理學中諸如性格、情感、氣質、症狀等各種心理特徵，均應理解為服務於個體某種生命風格計畫的心理工具。例如，當患者將就診行為建構為證明生病的必要條件時，其求醫「意願」，實質是對生命風格計畫的策略性支持（例如幽閉恐懼症〔Platzangst〕患者會將抗衡環境侷限在家中）。同理，當治療失敗被解讀為有利於原定計畫時，同一個個體可能表現出截然相反的出院「意願」。這意味著，看似矛盾的行為背後可能是同一目標。若將這兩種「意願」分配給兩個人，即使不同個體行為有差異，可能最終指向相同心理動機（Freschl, Schulhof）[1]。可以肯定的是，單純分析現象本身無法幫助我們理解其本質，我們真正需要關注的是那個經過精心規劃的獨特個體本

1 羅伯特．弗雷施爾（Robert Freschl）在其研究中，以斯特林堡戲劇角色海倫娜（Helene）為案例進行分析（該研究稍後發表於《個體心理學期刊》首期）。他精闢地指出，海倫娜透過極端差異、甚至看似矛盾的行為模式，實則始終追求單一目標——即支配其丈夫（Freschl 1914/1916a）。這項研究恰成為阿德勒論點的實證注腳：當一個人「採取兩種相反途徑」時（參見前文），其終極目標實為一致。另一方面，赫德維希．舒爾霍夫（Hedwig Schulhof）在其關於「女性問題」的個體心理學著作中則論證：不同人群在不同歷史時期所呈現（及持續呈現）的多元文化現象，在相當程度上均可視為「陽性抗爭」的變異表現（Schulhof 1914b）。此觀點正呼應阿德勒的著名論斷：「當兩人採取不同行動或追求時，其本質動機往往相同」（參見前文）。

質——它既作為現象的前置準備而存在，又作為終極目標隱藏在現象背後，以及只是匯集成折衷平衡點的表象本身。無論在何種情況，所有必要的相關表象（能量水準、氣質特徵、愛恨情感、歡樂與不快、理解與困惑、痛苦與快樂、進步與惡化）都會以特定方式和程度協同作用，以確保患者所期望的目標得以實現。有充分證據顯示，無論是有意識或是潛意識的思維、情感和意志活動，都受到這種形塑人格的機制所支配。因此，這些心理要素之間的相互關係應當被理解為個體存在的工具和模版，而非其根本成因。

上述心理機制同樣適用於性格特質的形成，及其在人格系統中的功能性地位。個體與生俱來的體質差異、兒童對此的主觀評價及環境經驗的交互作用，共同塑造其目標設定與生命軸線（Lebenslinie）。一旦這些核心要素確立後，性格特徵及驅力（Triebe）便會自發與之形成動態適配。但要特別強調的是，行為方式的矛盾或差異不應被簡單歸因為本質的區別或精神病理學的的病因分裂（ätiologische Dissoziation）。這就像儘管錘子和鉗子的形態迥異，卻都能成功釘釘子的目標任務。同一家庭中有神經質傾向的兒童可能發展出截然不同的適應策略：有的通過叛逆爭奪在家庭的主導地位，有的則是藉由順從。一個典型案例：**一名五歲男童**表現出將隨手可及之物拋出窗外的行為問題，在受到許多懲罰後轉化為「害怕重複該行為」的恐懼症。這兩種看似對立的表現實則殊途同歸，都成功獲得了父母的持續觀注，成為家中的焦點。另一個案例中，患者**在弟弟出生前一直是家中的寵兒**。為了與弟弟競爭父母的關注，他一度表現出叛逆和懶散，甚至出現尿床及拒食行為。然而，當這些策略失效後，他轉變成一個十分乖巧、勤奮的男孩，但為了保持優勢地位，其潛在的貶抑傾向（Entwertungstendenz）不斷強化，最終演變成嚴重的強迫性精神官能症（Zwangsneurose）[2]。其明顯的**戀物癖**傾向揭示其核心執行基礎（Hauptoperationsbasis）——通過貶低女性，來緩解對女性的深層恐懼。這位患者試圖從激烈攻擊他人來爭取主導地位，而他那更受寵愛的弟弟則憑藉著高度的親和力輕鬆獲得優勢——但輕微的口吃也暴露出其隱藏的叛逆、野心，以及潛在的不安全感（Appelt 1914）[3]。

由此我們可以理解，整個心理活動過程——包括精神官能症患者的意願、情感體驗與思維模式，以及精神官能症與精神病之間的內在關係——本質上都是個體為達成生活

---

2 參見阿德勒著作《論神經質性格》（*Über den nervösen Charakter*），Bergmann 出版社，威斯巴登，一九一二年（阿德勒在該著作中特別探討了年長子女因感受到父母對年幼手足的偏愛而產生的痛苦情緒，以及由此引發的攻擊性傾向。他指出，無論是採取反抗或順從的行為模式，其根本目的都是為了提升自我價值感受挫的心理狀態〔Adler 1912a/2008a，第 56 頁〕）。

3 參見《治療與教育》（*Heilen und Bilden*），E. Reinhardt 出版社，慕尼黑，一九一三年，其中收錄了阿佩爾特（Appelt）的研究〈口吃治療〉（Appelt 1914）。

掌握而發展出的精密適應機制。而這一切的形成根源往往可追溯到童年時期：在先天體質特徵與社會心理環境的交互作用下，兒童開始進行最初的策略性嘗試，以達成其迫切追求的優越感目標。

若要深入理解這一生活系統的構建原則，我們需要考察兒童是如何面對生活。無論我們將其意識發展的起點定位於何時，那必然是一個兒童已經累積初步經驗的階段。但值得注意的是，這種經驗累積過程要產生意義，必須以兒童已形成的目標導向為前提。否則，個體生活將淪為盲目的探索，價值評斷系統無從建立，更遑論實現必要的經驗分類、序列化組織及功能性運用。一旦缺乏這個虛擬出的衡量標準——即那個既定的目標指向——所有的價值評斷都會失去意義。所以我們會發現，**沒有人是被動接受經驗，而是主動「塑造」經驗**。這意味著個體會從經驗中提煉出判斷標準，評估各類經驗對其終極目標的促進或阻礙作用。在個體經驗系統中真正產生效用的是一個具有目標導向的生命風格計畫。正是這個（潛藏的）計畫使得我們的記憶總是以鼓勵或警示的聲音對我們講述著；也只有當我們（治療師）識別出這個聲音，才能真正理解和正確評估。

每當我們審視兒童的生活經歷或回憶時，那些表象本身並不能說明什麼。每個事件都可能有多重含義，任何解釋都必須進一步驗證。這意味著，值得我們關注的並非現象本身，而是隱藏於後的心理動機。只有當我們直觀地把握住個體的生命軸線時，才能真正理解其心理現象。而要確定一條生命軸線，至少需要找到兩個關鍵點。實際執行時，我們首先要將心理生活中的兩個關鍵點連接起來。這樣以來，我們就能得到一種印象，再通過補充其他經歷，我們可以不斷修正這個初步印象。這個過程就像繪製肖像畫，其價值在於最終呈現的整體效果，而不是遵循什麼規則。讓我用一個歇斯底里患者的案例來說明：這位女士每天都會多次出現意識喪失、手臂麻痺和短暫失明（黑內障，Amaurose）[4]的症狀。深入觀察發現，這些症狀背後隱藏著一個強烈的心理動機——她試圖透過這些方式牢牢抓住丈夫。除了每天頻繁發作的病症外，她對周遭所有人都表現出極度的不信任，尤其是對醫生。當我模仿她做出那種「雙手前伸、保持距離」的防禦姿勢時，她的丈夫確認這正是她發病時的典型動作。深入探究發現，她的第一次發作是源於擔心丈夫不忠。根據病歷顯示，她的行為模式與童年經歷如出一徹——曾經因為短暫**被單獨留在家裡**，險些遭遇性侵。當我們將這兩件看似毫不相干的現象連接在一起時，便能發現一個單獨觀察時無法察覺的真相：患者**內心深處害怕被單獨留下！**面對眼

4 希臘語：意為視障。

前發生的危機，她調動了最珍貴、最有效的應對經驗。直到此刻我們才真正理解她已經從從童年那次經歷中得出一個生存法則：女孩身邊必須時刻有人守護！在當時，父親成為她唯一的依靠，這不僅是因為父親**不會對她構成性威脅**，而且能平衡母親對姊姊的明顯偏愛。

從上述觀點可以看出，那種試圖僅從患者的過往經歷來解釋疾病的理論是站不住腳的——無論是法國學派[5]的主張，還是後來的佛洛伊德，尤其是榮格特別強調的**患者受困於回憶的折磨**[6]的觀點。即便近期對這些理論的修訂已增加了對「當下衝突」[7]的考

5　阿德勒此處所指的，是艾倫伯格（Ellenberger）所謂「動力精神醫學」的理論與實踐傳統，這個傳統由讓—馬丁．夏科（Jean-Martin Charcot）所創立，皮埃爾．珍妮特（Pierre Janet）亦屬此流派（Ellenberger 1985）。

6　佛洛伊德與布洛伊爾在其著作《論歇斯底里現象的心理機制》中，對夏科的理論進行批判性發展，主張所有歇斯底里症狀的形成都可追溯至創傷經驗，患者在這些經驗中感受到強烈的情感衝擊。那些後來罹患歇斯底里症的人，無法在情感出現當下或之後適度緩解這些情緒：因此，關於創傷經驗的記憶始終保持「鮮明」且「情感充沛」（Breuer & Freud 1883）。若這些記憶更被隔絕於與其他記憶的聯想連結之外，便不可能發生後續的「褪色或情感淡化」（同書，頁87）。這些充滿強烈情感負荷的記憶，便能在心理層面「如同異物般」（同書，頁85）產生作用，最終導致歇斯底里現象的形成，這些現象與創傷經驗的性質可能呈現多樣化的關聯。阿德勒所轉述、被廣泛引用的那句「歇斯底里患者多半苦於回憶」（同書，頁86），正意味著引發歇斯底里症狀的並非創傷經驗本身，而是對這些經驗的記憶。佛洛伊德以此觀點為基礎，在隨後數年發展出關於潛意識防禦歷程的全面性理論，並連帶建構出各種神經症形成的複雜理論。他持續探究的核心問題包括：早期經驗對後續「神經症選擇」的特定影響，以及這些經驗對潛伏與顯在心理活動（在後續情境中展現）的普遍影響。其他精神分析學派代表（這個群體不斷擴大）及「法國學派」（參見Ellenberger 1985等）成員也針對這些主題發表論著。阿德勒並未對這些理論進路進行個別細緻的接收與討論，而是總體性地批評這些觀點——依他之見——忽略了以下關鍵問題：（a）哪些當下問題（「現實衝突」）會促使一個人基於何種評價、

量，從而更接近我們的觀點，這些理論仍缺乏對患者生命軸線的理解。因為無論是過往經歷還是所謂的當下衝突，本質上都是由個體主動建構的生命軸線所統合的——患者如同被催眠般執著追求的目標，既塑造了特定的個體經驗（Individualerfahrung），又將普通事件轉化為具有個人意義的個體體驗（Individualerlebnis）[8]。丈夫的不忠對每位妻子而言都是獨特的體驗，絕不能單獨評斷。

因此對心理學研究，尤其是對兒童心理學而言，永遠不能從單一的細節，而是必須從整體關聯中得出結論並作出解釋。

如果要對上述病例進行更深入的個體心理理解釋，僅認識到患者害怕**獨處**是遠不夠

詮釋與判斷，而採取特定（防禦性）行動；以及（b）所有這些行動與個人整體人格的最終導向之間，存在什麼樣的關係。

7 阿德勒發表〈論兒童心理學與精神官能症研究〉演講的該屆大會，開幕議程專門討論了「壓抑」概念及其成因問題（Schiferer 1995）。會中提出的核心論點認為：當下各種不愉快情感的「累積」及其交互作用，乃是形成壓抑的關鍵因素（一九一三年年會報告）。

8 參照阿德勒在本文章的論述：過往「經歷」與當下「現實衝突」之間的意義關聯，實質上是基於個體在其終極導向（多數處於無意識狀態）中所追求的特定目標而建立的。依此觀點，過往經驗可能構成這樣的認知背景：使個體在當下情境中判定某項目標的實現極為困難，進而導致行動上的猶豫不決，並將當前情境體驗為衝突狀態。阿德勒指出，這類評估行為源自個體對實現潛意識生命風格計畫的最佳努力，它們同時也決定了：為何特定事件會被體驗為重要的「（個體）經歷」，或特定「事態」被感受為關鍵的「個體經驗」。阿德勒將這些要素（如「事件」或「現實衝突」）之間的想像性連結反覆稱為「生命軸線」或「指導線」，這些概念既指向特定目標的達成，也幫助個體在世界上「找到方向感」（Adler 1912a/2008a，第57頁）。

的。因為這種情緒狀態本身具有多重解釋空間，無法提供足夠的訊息支撐。因此，我們需要將這一發現與另一個關鍵因素連結起來分析。值得注意的是，患者最初的童年記憶中充滿了**與姊姊較勁的想法和衝動**。在她的記憶中反覆浮現這樣的場景：家人總是帶著姊姊外出，卻唯獨將她**獨自**留在家中。我們在這些被患者自述為「最早記憶」的片段裡，清晰地看到**同一種行為模式**重複出現——這個發現進一步驗證了我們對其生命軸線假設的合理性。

但我們是否也能用這個理論來解釋她另一個症狀——那種被描述為「撕裂般」的突發性頭痛呢？為什麼這種疼痛總在月經期間發作呢？患者的病史資料表明，這個症狀是在一次與不公正的母親發生激烈爭吵後不久出現的。當時母親揪著她的頭髮，正值經期的她滿腔怒火地跳入莊園旁冰冷的河水中，希望就這樣生病或死去。這種為了傷害他人甚至不惜犧牲自己生命的憤怒爆發，她曾多次在兩個哥哥身上見到過。但是，當她**效仿兄長們**的行為時，卻明顯違反了社會對女孩的禁忌：冬天時在經期跳進冰冷的水中！**她的憤怒實則指向自己的女性身分！**雖然她不理解自己的行為，只是本能地模仿因果反應，但實際上她得出了以下的結論：哥哥們通過反抗成為一家之主；姊姊至少能得到媽媽的寵愛；而我作為小女兒，既被獨自拋下又備受屈辱，唯有生病或死亡才能結束這種屈辱！在這種心理狀態及其導致的後果中，對**平等**的期望昭然若揭，以致於根本無須上升到意識層面。**擴張行為的結果本身就足以說明問題**。當然，這個過程留在潛意識中還有其他原因：沒有**意識**到這個機制的**迫切性**，更重要的是，完全意識到這個過程反而會危及預期效果——如果女孩認清我們所能理解的真相，即她整個生命風格計畫都建立在「**女性低人一等**」的**深層認知**上，那麼她就難保完整的人格。為了武裝自己免被揭穿，她從所有經歷中汲取出這樣的生存法則：**為了保持尊嚴，就必須有人陪伴**！當她擔心失去對丈夫的影響力時，那個早已成熟的**攻擊和防禦機制**——其中精神官能症是最重要的組成部分——便開始運行，通過症狀證明和迫使他人接受：**她至少在表面上仍保留舊有的權力——現在誰也不能再讓她獨自一人了**！

當我們趨近患者心理活動的核心——她的所有行為、情感和思維模式逐漸清醒時，其心靈肖像（Seelische Portrait）便完整地呈現在眼前。我們也會由此發現更多其他特徵和個別特性。她害怕被人落單，必然演變成**最直接的武器**——表現恐慌。這個疑問也獲得相關證實：每當她獨自坐在馬車後座，而丈夫坐在前方駕車時，就會感到恐慌。這一系列症狀是她對被迫順從、自主意志被壓制，以及**缺乏需求共鳴**所產生的心理防禦。只有當患者也坐在駕駛座時，才會獲得片刻寧靜。這種姿態的象徵意義不言自明，而當我們了解到即便如此，每當馬車轉彎或與其他馬車會車時，她依然會感到恐慌，這一象徵意義就更明顯了。在面臨這些情況時，這位毫無駕駛經驗的女士總會馬上抓住丈夫手中的韁繩。甚至當馬匹加速時，她也會感到焦慮。而丈夫察覺後開玩笑地故意揚鞭催馬時，**她的「恐慌武器」竟然失效了！**接下來發生的事情對理解那些**看似「痊癒」**十分重要：她不再出現恐慌症狀，**因為這樣**丈夫就不會繼續加速驅策馬匹！

這個矛盾現象讓人合理質疑：為什麼這位追求與男性平等的患者從未想過親自執掌韁繩？她的整個人生經歷給了我們一個再明確不過的答案：**她根本不相信自己能與男性平等**，反而走上一條將男人作為工具、依靠和保護傘的道路，以實現對丈夫的優越感。這再次應証了她思想和行為的基本前提：根深蒂固的女性自卑感——**女孩絕不能獨自一人**。

II

心理學與教育學必須更多借鑑神經學家和精神病學的經驗。我不需要對後者贅言。而心理治療則迫使我們深入探索兒童的心理世界。正如我今天再次試圖闡明的，如果生活經驗、過往教訓，以及對未來的期望總是**服務**於童年時期形成的虛構生命風格計畫，如果些微的錯誤歸因（falsche Buchführung）和一點的自我封閉[9]（這可能就是他的目的！），就足以恢復到舊有的軸線，使加劇的攻擊性或以公開或隱晦的方式再次表現出來，那麼想要消除這種活在想像中的生活所帶來的後果，除了全面**修正這個童年系統**，別無他法。我相信已將其中必要的**關聯性**清楚闡明：無論是症狀、性格特徵、情感表現、患者對自身人格的評價及其性關係等，都與整體的精神官能症和精神疾病處於同一地位——它們無非是**手段**、**技巧**，**以及小把戲**，**旨在實現由低處往上攀爬的傾向**。在共同經歷患者的命運時，在心理治療師被其心理肖像所觸動的過程時，治療師總能感受到患者與其世界之間**日益緊張**的敵意，以及後者希望能掌控環境的渴望。當我們描述恐懼如何轉化為武器，**自我強迫如何被用來對抗外來壓力**，**當我們**談及決策時的**猶豫態度**、將**自我侷限於小圈子的傾向**、**拒絕玩樂的表現**、**渴望抱持幼小或幻想偉大**時，我們實際上是在描述兒童的心理狀態與心靈特質。但若將這些現象全數視為幼稚表現，那就大錯

9 在阿德勒同為一九一四年發表的〈距離問題〉（1914k/1974a）中，他特別論及神經症患者傾向「與世界和現實劃清界線」並「喪失與現實的聯繫」的現象。時隔九年後，阿德勒更以專作〈孤立之危害〉（Die Gefahren der Isolierung）（1923e）深入探討此一主題。

特錯。我們只是觀察到，任何感到弱小的人——無論是兒童、原始人還是成年人——都會被迫採取類似的策略。而這些策略的知識與實踐源自於**個體的童年經驗**，在那個階段，直接的攻擊往往難以取勝，取而代之的是順從、屈服或是孩子氣的反抗表現：拒絕入睡、暴食、懶惰、邋遢，以及各種刻意展示弱勢的方式。**在某種程度上，我們的文化也與早期教養環境**（Kinderstube）**相似**：它賦予弱者特權。但若生活如神經質兒童所堅信的那樣是一場永無止境的戰鬥，那麼每一次的挫敗、每一次對做出重大決定的恐懼，都必然會引發神經發作——這是一個自卑者的反抗武器。這種獨特戰鬥姿態源自童年，體現在其過度敏感，對任何形式（包含文化規範）的無法容忍，以及持續試圖以一種**唯我主義**（solipsistisch）的姿態對抗整個世界的傾向。正是這種姿態不斷鞭策患者擴張自身權利邊界，就像孩童在未被火燙傷、未被桌子撞痛前總要反覆試探一樣。強化戰鬥姿態、不斷比較衡量、沉迷計畫構想、做白日夢、**精心訓練器官的特殊技巧**，還有那些更為極端的叛逆與殘暴行為、犯罪傾向、對魔法的迷信與神化妄想，以及因恐懼親密關係而發展出的變態行為——這些特徵普遍存在於那些在童年時期承受著難以忍受的壓力、被驕縱溺愛或身心發育受阻的人。**一個過度強大的安全係數本應為他們鋪就走向高峰的**

路並防止失敗，然而實際上**卻在患者與其目標之間築起了重重障礙**[10]，而「**疾病證明**」總是扮演著最合理的角色。就像強迫症者會過度糾結瑣事、**無意義地**反覆琢磨，直到錯失良機。

不可否認的是，這種對成功的迫切渴望有時確實能創造出偉大的成就。但我們精神科醫生所見到的，通常只是一種可悲的「為做而做」（ut aliquid fieri videatur）[11]，在這種情況下，器官的自然功能被扭曲，只為能抑制每一個動作。在弱者的狂熱思想中，任何功能都可能被異化。為了逃避現實的要求，甚至為了營造一種殉道的假象，思考能力被壓抑，取而代之的是無止境地猶豫不決。**夜間的睡眠休息**會被他們精心設計的系統**干擾，只為製造隔日日間的疲倦與工作無能**。感知器官、運動機能、自主神經系統都因主管偏見和刻意引導的注意力而出現**功能失調**，而對疼痛情境的**感同身受**則喚起以了表現為噁心嘔吐的疼痛。由於長期刻意迴避性伴侶的傾向，再加上文化觀念中理想化標準的

10 參見阿德勒〈距離問題：神經症與精神症的基本事實〉，載於《個體心理學期刊》第一期，慕尼黑：Reinhardt 出版社（Adler 1914k/1974a）此注釋僅見於 1914e 版本。

11 德文原意約為：「至少讓人看到做了些什麼。」此短語表達的是：一種本質上無意義的行動，僅是為了維持行為者具備目標導向能力的表象。從積極角度解讀，「Ut aliquid fieri videatur」原則在醫學情境中也代表一種醫療行為準則，旨在為（無法治癒的）患者保留康復希望與對醫者的信任。

推波助瀾，使得本已受文化限制的愛的能力往往被完全壓抑。

在許多情況下，患者獨特的個性會使其對愛情和婚姻問題採取怪異或扭曲的立場，以致疾病的類型和發病的時機幾乎可說是注定的。要追溯這種人生計畫在童年時期如何形成，可以從以下類似案例窺見端倪：

案例一

一位三十四歲的女士，幾年前患有幽閉恐懼症，如今仍對乘坐火車感到恐懼。只要接近火車，她就會開始劇烈發抖，迫使她不得不折返。她最早的童年記憶是與妹妹爭搶座位的情景。這樣的場景無庸置疑具有多重解讀空間。若將這記憶與她最後出現「火車恐懼症」連結起來並進行比對，**彷彿**她也在與火爭搶空間。我們立即就能看出，當患者無法施展**支配欲**時，會選擇逃避。她特別記得自己與兄長的相處，他們總是強迫她服從。由此我們可以預期，這位患者在生活中會試圖支配**女性**，但卻抗拒男性的意志，從而將愛情與婚姻排除在人生之外。另一則重要的青少年時期記憶是：在她在少女時期，曾長期隨身攜帶鞭子在莊園立巡視，並鞭打男性僕役。這讓我們預期會發現更多她試圖將男性置於從屬地位的事例。在她幾乎所有的夢境中，男人都以動物的形態出現，不是被她馴服就是被她驅離。她一生中僅與一個男人有過短暫的交往，而對方是個懦弱的同性戀者，並在訂婚前夕表明自己性無能而推託過去。她的火車恐懼症恰如其分地對應了對婚姻和愛情畏懼：**她無法將自己交付給他人的意志**。

案例二

當然，這種「陽性抗爭」的機制在童年時期就能觀察到，尤其在女孩身上特別明顯。我們可以在各式變化形式中找到這種擴張傾向，並很快發現，這種傾向往往會過度激發兒童與周圍環境之間實際存在的緊張關係。在我所有的案例中，無一例外都能觀察到這種對男性的妄想。而且從這種「被剝奪感」（Gefühl der Verkürztheit），通常會發展出一種「弱者的狂熱」（Fanatismus der Schwäche），這讓我們能夠理解兒童表現出的各種過度興奮、情緒化、否定態度和神經質的小把戲。舉例來說，一個其他方面健康的三歲女孩表現出以下行為：不斷與母親較勁，對任何形式的強迫或輕視都十分敏感、固執任性、拒絕進食、便秘，以及其他違反家規的反抗行為。她的否定態度幾乎讓人無法忍受。有一天，當她母親小心翼翼地問她是否要吃些點心時，她自顧自地說：「如果她說牛奶，我就喝咖啡，如果她說咖啡，我就喝牛奶！」她時常流露出像男性一樣的渴望。

有一天，她站在鏡子前問母親：「妳也曾經一直想當男生嗎？」後來，當她意識到性別特徵是無法改變時，變向母親提議想要一個妹妹，絕對不要弟弟。但同時又表示等自己長大後，只會生男孩。這番話不經意透露了她對男性絕對的**優越評價**，同時也在試圖尋求某種補償的可能。

案例三

基於其典型性，我想再舉一個健康的三歲女孩的生活細節，她最熱衷的活動就是穿哥哥的衣服（從不穿姊姊的衣服）。有次和父親外出散步時，她硬拉著父親停在童裝店前，執意要買男童裝。當父親提醒「男生也不會穿女孩衣服」時，她指著一件勉強算中性的大衣，堅持至少要買這件。這個案例展現了心理發展中常見的「目標不變而形式轉換」現象——雖然表現形式不同，但核心仍圍繞著對男性特質的追求。有時候，表象的滿足就已足夠！

在這兩個我認為十分典型的案例中（這種發展模式其實相當普遍），我認為有必要提出一個問題：現行教育學為我們提供了哪些方法，能讓這佔人類半數的群體完全接納這種無法改變的生理狀態？因為很明顯地，若無法達成這個目標，我們就不得不持續面對我先前詳細討論過的狀況：**一種持續存在的自卑感，將不斷刺激她們產生不滿，並促使她們採取各種或實際或想像的手段，只為**證明自己的優越性。這些手段最終構成了精神官能症的外顯症狀。

雖然這種心理狀態也有優點（例如更細膩深刻的生活體驗），但當我們著眼於解決更嚴重的負面影響時，這些優點便不值一提。這種介於自卑感與渴望像男性的矛盾心理，會在以下情境加劇：當女孩發現男女不平等、發展機會受限，或是面臨經痛（Molimina）[12]、分娩，以及更年期等生理挑戰時變得更嚴重。眾所周知，這些關鍵時刻往往成為精神官能症爆發的導火線，幾乎可說是注定要發生。我們掌握了精神官能症問題的根源，卻仍然在教育及治療方法上找不到有效方法來預防由自然或社會環境所導致的後果，實在令人扼腕。從我們的觀點出發，當前必須雙管齊下：一方面要及早灌輸孩童生理性別的不可變性；另一方面要則須教導他們，這些不利條件並非無法逾越，而是如生活中的其他困難般需要理解與戰勝。我們相信，通過這種方式，女性在社會參與中的不安、消極，以及折磨人的攻擊性將會逐漸減弱，同時也能緩解那些常使她們顯得自卑的

12 拉丁文：意為不適症狀。

過度虛榮心[13]。

案例四

接著是一個十歲男孩的案例，主要顯示了社會環境中某種毒素——在此指**女性的陽性抗爭**——如何蔓延到至社會其他群體，也就是男孩的身上，並在他們身上產生幾乎相同的症狀。根據我們對人性的理解，男孩不僅會因為社會普遍公開推崇的優越性感到沾沾自喜，更會**感到沉重的義務壓力**。這也加劇了他們面對世界時的緊張感。當這種緊張能結合實際能力表現來緩解時，我們的文化很大程度上都能維持平衡。然而只要些微的壓力阻擋這種文化性進取，就足以激發敵對態度、支配欲，以及各式妄想。男孩經常擔心自己無法履行義務，達不到所謂「完美男性」所需的成就標準。我們可以清楚觀察到，那些生理有缺陷、受壓抑或過度溺愛的兒童，往往過早開始策劃各種計謀，表現出急躁與貪婪，**只為**獲取優越感——這導致多數案例出現以下特徵：利用自身弱點、優柔寡斷、陷入懷疑猶豫不決的態度、持續退縮行為，或是公開／隱密的反抗，明顯表現出

13 參見舒爾霍夫（Schulhof）著《個體心理學與婦女運動》，慕尼黑：萊因哈特出版社，一九一四年。此注解僅見於阿德勒1914e版本。

拒絕配合的傾向。至此，精神官能症的土壤已然形成，其危害也清晰可見。

我現在要討論的案例，涉及一名患有重度近視的男孩。儘管他費盡了一切努力，還是比不上年長他兩歲的姊姊。男孩的攻擊性表現是無休止的爭吵，即使便母親也拿他沒辦法。然而，在這個家中，最具權威和影響力的是父親，他管教森嚴，經常抱怨家中的「女人當道」（Weiberwirtschaft）。男孩明顯以父親為榜樣，這一點我稍後會加以說明。以他目前略顯困頓的處境下，似乎讓他難以有信心，可以證明自己有一天能和父親可以平起平坐。同時，也因為近視，所以在男孩們惡作劇時常常吃虧。有一次他想使用父親的打字機時，父親斷然制止了他這項「學術活動」。父親是一位熱愛打獵的人，偶爾會帶男孩一起去。這似乎是唯一能讓男孩感受到與父親平等，並證明自己優於「婦女同胞」的陽性態勢（männliche Attitüde）。**因為每當父親未帶他一起去打獵時，男孩就會尿床**，而這也總是惹得父親大發雷霆。後來每當父親用其他方式展示威權時，尿床情況也會發生。這種關聯性在幾次談話中浮現出來，而且還發現**小男孩是透過在夢中**幻想出夜壺或可以如廁之處，使自己**有機會**尿床。不難看出，他的症狀是一種強烈反抗，針對的正是他父親：在尿床前後，他會夢到父親（那個沒有帶他去打獵的父親）去世了。有一次我問他長大後的志向。「像父親一樣當個工程師。」那準備如何規劃未來生活？他說會租間房子，雇個女管家打理家務，但絕對不結婚，因為「女人只在乎打扮」。

案例五

「陽性抗爭」在一個八歲男孩身上的表現形式既相似又截然不同。這個患有淋巴狀態障礙（Status lymphasticus）[14]的男孩，無論在智力還是生理發育上都略顯遲緩。他因手淫強迫症前來就診。這個母親幾乎把全部精力都投入在他的弟弟和妹妹身上，把他交給傭人照顧。而父親則是一個脾氣暴躁，總愛發號施令的人。男孩的自卑感表現在羞怯畏縮的個性，以及對關心他的人的過度感激態度。他對魔術技巧擁有狂熱興趣——這個癖好源自童話故事和電影——並從中尋得補償。他比起其他孩子更沉迷於此，總是幻想能找到一根魔杖，帶他前往理想國。他部分實現這個幻想的方式，是讓別人替他處理一切事務。這種扭曲的模仿（他父親也是這樣使喚所有人）只有在他自己保持無能和笨拙時才能成立，所以他就一直維持這種狀態。

一段時間後，母親注意到他有手淫行為。於是重新開始關心他。這樣一來，男孩獲

14 一種先天性疾病，特徵為淋巴組織容易發生頑固且反覆的炎症與腫大。

得影響母親的能力了，地位大幅上漲。為了不失去這種優勢，他勢必要持續手淫行為——於是他也繼續這個習慣。

然而，他渴望像父親一樣的目標，也從一個強迫性的驅力中透露出來，就像那些裝大人的小孩一樣，總是硬要戴上成人的高禮帽。[15]

結語

1. 生命概念中已經預先建構了生理與心理模式，這種「目標設定的強制性」隨處可見。

2. 人類持續追求目標的**動力源**於不足感。所謂驅力（Trieb）實為通往目標的路徑，並始終以目標為導向；意志力表面上雖看似矛盾，卻始終會匯聚以達成**這統一的目標**。

15 1914e版增補：「在此簡短的結語中，請容我將我們對神經症患者童年時期所發展的心理機制的理解，延伸至人類歷史的童年時期。對自身及他人魔法力量的信仰在過去更為明顯，但時至今日仍是人類行為的普遍前提。男性精神官能症患者對女性的恐懼與敵意，可在巫術妄想與獵巫行動中找到對應；女性患者對男性的恐懼及其『陽性抗爭』，則反映在對魔鬼與地獄的恐懼，以及嘗試施行巫術的行為中。需要特別指出的是，對女性的貶抑損害了愛情中的真誠互動，而教育體系普遍強調以相互迷惑取代真誠欣賞，並以強制手段確立男性權威——這些做法不僅無益於心理健康，反而滋養了妄想思維的發展。」

3. 正如**功能不健全的器官**會產生一種無法忍受的狀態，從而引發無數代償的嘗試，直到身體重新適應環境——兒童心理也會因不安全感中而發展出各種力量儲備，以克服其不安全感。

4. 心理研究必須首先關注這些試探性的嘗試和努力，它們源於先天體質條件，通過對環境的逐步驗證與利用而形成。

5. 因此，任何心理現象都**只能**被理解為**生命計畫的部分表象**。所有試圖通過分析表象而不是其關聯性來理解兒童心理本質的解釋，都注定失敗。因為兒童生活的「事實」**從不是既定事實**，而是為實現目標的準備活動。

6. 根據這個概念，所有心理活動都具**有傾向性**。我們在此強調以下幾個最重要的準則。

（a）現實行為：

- 培養能力，以取得優勢
- 與周圍環境競爭
- 累積知識
- 感受世界的敵意

- 運用愛與服從、恨與反抗

（b）想像行為

- 發展「彷彿」模式（象徵性成功的幻想）
- 利用弱點
- 推遲決策；掩飾

7. 這些行為方向的絕對前提是一個必須保持無意識才能生效的**高遠目標**。該目標會根據體質與經驗，以各種具體形式呈現，並可能在精神病中顯現為意識內容。

8. 最常見的表現形式是「男女」模式，象徵兒童渴望獲得的全部權力。其中被視為對立面的女性特質，通常被當作需要征服的敵對元素。

9. 這些現象在精神官能症患者身上尤為明顯，因為患者的戰鬥姿態在某種程度上使自己避免修正童年時的錯誤判斷。其固化的唯我立場也助長了這一現象。

10. 因此不難理解，每位精神官能症患者都表現得必須不斷證明自己的優越性，尤其是對女性的優越性。

早期教養環境的社會影響

一九一四年——

編輯說明

首次發表：

1914f：〈早期教養環境的社會影響〉（Soziale Einflüsse in der Kinderstube）。載於：《教育學檔案》（*Pädagogische Archiv*）第五十六期，第473-487頁。

阿德勒關於〈早期教養環境的社會影響〉（Adler 1914f）一文於第一次世界大戰爆發後不久後發表，作為專業期刊《教育學檔案》第八冊的首篇文章。該期刊於萊比錫（Leipzig）出版，主要探討中等學校的教育相關問題。期刊的編輯團隊在該冊開篇以〈導言〉開場，指出即將面臨的「我國……迄今必須應對的最艱巨戰鬥」，並擔憂在「民族性與國家權力……」受到威脅之際，關於教育問題的討論可能被忽視（〈導言〉〔1914〕，第473頁）。儘管如此，編輯部仍主張繼續進行這個「例行公事」，因為「教育這項靜默工作同樣關乎民族未來，此刻正面臨嚴峻考驗」，並堅信「德國中等教育迄今傳授學子的精神與品格培養，將助力我們取得勝利」（第473頁）。儘管他們抱持如此樂觀的態度，該期刊不得不於一九一四年底被迫停刊（《教育學檔案》，2007）。

阿德勒在本文中（Adler 1914f /2009a）並未提及第一次世界大戰，而是首先指出教育面臨的核心矛盾：既要試圖影響個體，又需要建立具有科學普遍性的教育原則，並據此採取行動。在此框架下，他探討了教育，尤其在家庭及學校場域所受的社會影響，並並聚焦五條主線，剖析社會條件／規範與教育實踐之間的關聯：

1. 阿德勒認為，教育應以「社會適應」（gesellschaftliche Einfügung）和「社會有用性」（gesellschaftliche Brauchbarkeit）為目標。然而，當他在此背景下向教育工作者提出「他們努力應以何種社會理念為導向」的問題時，實際上暗示了不贊同輕易遵循任何社會現況的立場——這個主題在一九一八年後將持續成為阿德勒深入探討的課題。

2. 阿德勒強調，有關社會或個人與社會關係的理念，會以多元形式成為教育行為的指導觀念，而並非每個教育工作者都會意識到這一點。他以「懶惰」主題作為範例，具體闡釋了這類指導觀念如何影響教育評價。

3. 就阿德勒的觀點而言，這類指導觀念中有相當部分既普遍存在，又極具問題性，因為它們會引導青少年形成某些根本態度，這些態度會阻礙他們基於貼近現實的評估，積極自信地應對問題。阿德勒對此提出三項批判：（a）「天賦」（Begabung）一詞的普遍使用方式；（b）向兒童灌輸「生命是不斷鬥爭」的傾向，要求個體持續防範幾乎不可避免的失敗；（c）社會慣例中「對男性的要求及男性被賦予比女性更高價值」的現象。

4. 此外，即使在教育學的脈絡下針對個別兒童進行深入思考（即以理解為目的）時，還須顧及社會的層面。阿德勒明確表示：首先，以理解兒童為目的的思考必須涵蓋「該兒童迄今承受（且仍在承受）哪些社會因素影響」這個問題；其次，從個體心理學的角度來看，唯有在考慮兒童的整體人格時，才能掌握其各項「能力或活動」的意義，而這使得我們必須梳理兒童如何體驗社會領域及對該領域的立場。

5. 最後，阿德勒提到，許多兒童在家庭中被灌輸的社群生活觀念，無論對其發展或社會整體進步皆無助益。阿德勒認為此現象難以改變，因此他賦予學校「矯正」兒童顯現偏差發展的任務，並補充說明：相關教育措施應透過個體心理學研究、心理治療，以及從治療問題兒童實務中獲得的建議來相應。在這種情況下，他特別指出無論學校教育與心理治療領域都須預期出現特定的移情現象——但基於其避免使用佛洛伊德術語的傾向，他未明確使用「移情」這個概念。

本文的一個特點在於：透過阿德勒的案例不僅能窺見其理解性思考的方式，更能見識到他如何設定超越性的介入方式。他所引用的兩個案例同時證明，早在一九一四年之前，阿德勒在他的私人執業中不僅訴求理解性的診斷，更以心理治療和諮商的方式處理兒童與父母問題。尤其值得注意的是，阿德勒在這些案例及其他文本段落中，展現出全方位的同理心：他敏銳地描述「廣大民眾階層貧困化」所帶來的後果；剖析社會壓力造成許多女性難以擺脫社會傳統角色定型的束縛；抑或是親子面臨的社會和心理困境，使得他們難以建立有益兒童發展的關係。

早期教養環境的社會影響

所有教育性干預都必須考量到個體差異。只有具體情境顯現的表徵、產生的影響、須調整或強化的環節，以及心理影響的類型和強度，才能引導教育工作者的關注與行動。

一旦身體出現健康問題，無論醫生、父母或老師採取的處理方式亦無二致。時而要補強整體的虛弱狀態，時而要就個別器官缺陷採取差異化處置——此處著重預防病痛，闢出致力消除病灶。每一次考量的出發點始終是聚焦個案，試圖影響個別命運軌跡。

然而，思想與工作效益的考量迫使我們**系統性**地理解和實施教育措施。只要文化、語言和教育存在，它們就會有意或無意地以「社會有用性」為前提——正是這個目標使其得以的發展，並藉此保持其上升和持續進步的動力。

衡量、甚至強化兒童或成人的社會適應性，以及制定或構想那些被期待能培養個體生活能力的準則，顯然是兩種本質迴異的任務。這兩類活動都屬於教育學的範疇，若涉及病態偏差則歸入心理治療領域；二者都是以相同的社會有用性作為執行目標或參照基準。但前者主要想獲得具體成效，或參照心中既定的理想假設來彌補缺失；後者則試圖提供實現這個預設理想的途徑。廣義而言，第一種情況下教育工作者及心理研究人員須發揮藝術創造力；第二種情況則須透過科學方法，試圖從經驗與既定的教條中歸納普遍原則，為多數人指導發展方向。

若我們僵化地執行這種能力活動的分類評估，將犯下嚴重錯誤。因為正如所有心理機制研究所揭示：唯有出於分類目的時——且必須非常謹慎地——我們才暫時性地分割心靈整體。這與生理領域同理：每個部分都與整體密切相關，唯有理解整體才能真正認知局部。而要理解一個人的心靈整體，就必須將其置於社會結構中審視；在此視角下，每個心理活動片段所呈現的意義，都有異於將其從社會抽離，作為孤立個體來理解。

因此我們可以斷言，教育人員無論作為藝術家或科學家，都必須接受相應養成訓練；正如我們必須要求對個體心靈的觀察永遠不能脫離社會基礎。尤其當某個心理現象被抽離原始脈絡時，其多重詮釋可能將使孤立觀察失去意義。我將嘗試以一個**懶惰兒童**為例說明此觀點。

當我們辨識到懶惰這種「惡習」（Laster）及其成因（後者更為困難），並著手展開消弭手段時，我們的行為就不再是毫無前提的，更非出於審美考量，而是有意或無意地受到「共同福祉」（Gemeinwohl）及「兒童在其未來社會前途」這雙重考量所引導。進一步說，若非我們從社會生活中預先獲得某種理想的學生圖像（無論是否自覺），並根據這個圖像制定要求，那麼我們對學生懶散表象的關注就不會如此強烈。由此簡要思考可見：一切教育都從社會生活觀察中擷取特定法則，或是此種觀察的產物。但為驗證此觀點，請容我謹慎提問：教師的典範形象該以何種社會形態為導向？

另一方面，像學生懶惰這種現象，容易被人理解是源自孤立的心靈狀態。該有「**勞動意願**」（Arbeitsbereitschaft）的前提明顯存在於我們的生活方式，以致於遇見相反情況時，我們自然會認為是兒童心理的深層反抗，促使形成這種錯誤的態度。不難理解的是，這種態度最終是指向某種預先建構的人生未來路線，並被「他人須對懶惰者的福祉負責」這類期望持續強化。然而對我們的觀察至關重要的是，**懶惰的建構**通常隱含著某種大多情況下被誤解的未來社會生活形態，目的是為了與之對抗。教育工作者必須充分了解兒童的心理活動，方能夠藉助專業人士或獨自理解這種偏差並予以糾正。面對這類情況，我們萬不將其簡單歸因於所謂的普遍人性傾向。因為無論如何，我們都會驚訝每個案例背後更深層的心理動機。以我之見，現階段要建立此類心理糾結的普遍模式還為時過早。僅列舉下述幾項常見的現象，例如：**懶惰作為一種放棄的徵兆**，常出現在對未來人生抱有雄心壯志的兒童身上，這些孩子雖將未來生活想像成戰場，卻自認無法勝任。他們不再奮鬥，放棄培養獨立性——然而「人生即戰場」的觀念依然作為前提深植其心中。**他們只是放棄了正面對抗**，而那種無藥可救的懶惰，實則為他們再次回到一場看似不會失敗的戰場當中。任何一個人，只要能設身處地體會這類孩童的心態——看他們如何享受父母師長的無力感（雖然經常遭受懲罰，卻也獲得過往缺乏的關注）——便很容易勾勒出這樣一幅鮮明畫面：一個雙臂交抱蜷縮角落的孩子，冷眼旁觀他人如何費盡唇舌勸說或協助行動。想舉一個例子說明：

一名九歲男童在學業上毫無進展，在家中更長期表現出拒絕任何自主行為的傾向，無論是梳洗、穿衣服，還是寫作業等日常事務都想讓別人代勞。他動作遲緩懶散，不喜歡活動，一副身心發展至少遲滯兩年的模樣。懲罰和勸說皆無效，由於家境富裕，家中很快就有三個僕人專職伺候他。他因為一些性癖問題前來就診，一開始治療即發現：他的這些行為是為了將母親對弟妹的關注持續轉移到自己身上。進一步分析更發現，男孩的野心是要為自己打造一個「**懶人樂園**」，驅使所有人為他服務，而他深信要實現這一目標的最佳方式就是不動任何一根手指。這種野心早已體現在他渴望**獨得**母親的關注一事上。更明顯的證據是他對童話故事和魔法電影的沉迷態度——這些嗜好與他「進駐懶人樂園」的**主導理念**密切相關。即便懷疑這個懶惰孩子的野心者，也可以從他「終日叼著雪茄」或「偷戴大人帽子」的行徑中發現端倪。這些想要假裝是**大人**和偷竊的**傾向**也值得注意，因為它們與男孩的懶惰態度同樣清晰地表明：這孩子早已打定主意選擇一種讓**他人代勞**或應和的**生活方式**。男孩將未來生活預設為一個充滿敵意和危險的認知，如此明顯，已無須更多佐證。此案例中，我們很容易就能追溯出這種認知的來源：他的父親是個暴躁專橫的人，將商場上的爭鬥延伸至家庭生活，因為過分強調男孩幼弱的本質，從而誤導男孩發展出「以實際的懶惰」**伎倆**獲取主宰地位的生存策略。

這種狀況對兒童能力發展的戕害難以估量。這男孩不僅受到「懶惰本質」謬見毒害，更因錯估「天賦因素」而陷於雙重危機。關於後者，我必須強調「**天賦**」這個概念不適合用在教育裡——除非涉及根深蒂固的器官劣勢。就我所見，從未有孩童或成年人的天賦能脫離實際表現或潛在能力而被單獨判定。如果事實如此，那麼我們在教育中導入這樣一個模糊神祕的概念，在最佳情況下是助長一種不負責任感，而更常見的是導致輕忽自主努力的重要性；而那些自認「缺乏天賦」者，則會在相同的不負責任感的驅使下過早放棄，或者消極自哀自憐，甚至會自動將怠惰歸咎於天賦不夠。

此外，我們還可以從此類案例學到一個極為重要的教育原則：無論生活、賺取生計或社會賦予的性別角色有多麼艱難，在早期教育中，最嚴重的錯誤莫過於動搖孩童克服困難的信心——無論是貶抑其能力，或是過度渲染生活的可怕。

誠然，這類錯誤往往在無意識中形成，而非刻意為之。對女孩的教育尤其如此，常造就出如驚弓之鳥般的性格，對生活和男性總是抱有一種會失敗或被摧毀的預期。如我前面所提出，這將引發最嚴重的神經症和精神病，成為對「被曲解為屈辱卑賤人生」的最激烈抗議。這部分稍後會詳述。

總而言之，只要仔細觀察就會發現，若將生命預設為一場無情、甚至是殘酷鬥爭的觀念，不僅過度影響教育工作者，同時會扭曲兒童的心理發展。當兒童首次帶著這種視角接觸世界時，懷疑、害羞和恐懼便必然產生。在此我只能簡要指出：孩童往往會因為獲得驗證而滿足，進而強固其戰鬥態勢——因為即便在家庭中，也難以避免與處於同樣鬥爭心態的人發生衝突。問題在於，孩童會**過分高估**原生環境對生命的代表性，而且幾乎無法憑自身力量修正那些被視為敵意的錯誤態度，反而更傾向如大多數人般採納相同錯誤的結論。這可能源於我們都成長於某種迷信，認為社會生活無論如何都必須**證明我們的優越性**。透過與一名八歲女童相處三天的經歷，既能闡明此種困境，亦再次顯示人們在誤判**天賦**時可能產生的謬誤。

有位母親在短暫無歡的婚姻中歷經不幸，最終離異。她將襁褓中的女兒託付鄉間農家撫養，自己則赴大城市謀生。歷經艱辛站穩腳跟後，這位堅毅的女性決心接回孩子好好栽培。或許是自身遭遇的陰影，她懷著焦慮與不安決定採取嚴厲手段，盼女兒未來勝過自己。短暫歡聚後，首次體罰與淚水接踵而至。不久班導師斷言這孩子毫無天賦、無可救藥。更多的訓斥與責打隨之而來。女孩常靜坐屋角垂淚，未曾有育兒經驗的母親逐漸喪失信心、束手無策。某日我遇見母女倆相擁而泣，共同的悲傷、女孩討人喜愛的神態，以及母親通情達理的善意態度，讓我意識到雙方皆有誤解。略加思索後我明白：小女孩必定對重返母親懷抱有過高期待。我的詢問遂聚焦於寄養家庭父母的對待方式，得知她雖未受虐，卻不乏打罵與厲聲斥責。小女孩更坦言，她確信在母親身邊只會得到耐心與關愛。就在孩子夢想著唯有生母能予以溫暖（對外人冷漠的評估可能過度誇大）之際，母親卻為讓孩子「在生存鬥爭中堅強」（這概念實則源自其對個人經歷的誤讀），設計出足以粉碎孩子最強烈希望的管教方案。學校與教師未能激起孩子熱忱，自然不足為奇。我向婦人解釋對女孩態度的理解，成功說服她的認同。我建議她放棄**母性的權威這個怪物**，並說服她以友善的字眼向孩子說明情況，坦承自己在失敗教育計畫中犯下的錯誤。此法奏效。僅僅三天後，婦人即告知兩人已成好友，而小女孩燦笑的面容更證實此事。奇蹟延續至校園：據悉此後她躍居班級最優秀能幹的學生之列。

無論鑽研棘手的教育難題多久，想要提出通則終究時徒勞無功的。每個案例都迫使人們進行不同的考量並採取不同的途徑。對於教育工作者與心理治療師而言，唯一一致的要求是，培養對他人心靈的藝術性敏感，從個體對環境的態度中辨識其行為前提，推測其目標指向，並在棘手案例中依據**個體心理學**的實證經驗謹慎進行探索。如此一來，我們才能破除關於「先天犯罪傾向」與「性變態驅力」的迷失，進而理解這些病態態度實為教育錯誤的產物。同樣地，我們也可解釋兒童叛逆態度的成因，逐步釐清他們與環境的鬥爭、對外部障礙無法克服的錯誤認知，以及其自卑情結。父母權威的壓迫往往以孩童屈服與絕對服從告終，彷彿是作為報復會出現某些現象，顯示成長中的個體正對融入社群進行無聲但激烈的對抗。在**職業選擇**這個絕不應單方面施加影響的時候，這個問題顯得尤為突出。我見證過多起案例，在其中當事人每一步都走向惡果，直至人們決定給予其自由發展空間。通常情況證明，許多不幸**看似命運**使然，實則源於病態的野心，加上對自我能力的懷疑所導致。由此往往衍生出對人生決策的恐懼、優柔寡斷的態度，以及編造各式藉口和算計的病態傾向，最終蹉跎了時機。

若我們從這些隨手拈來的評注中歸納總結，便可得出以下結論：無論教育者或孩童，其所有行為都隱約受到某種理想形象的引導，這個形象在某種程度上與未來——尤其是兒童未來的社會生活——相對齊。如果這一主張成立，意味著孩童的心理發展持續從其所處時代的社會生活中獲取指示和方向。同時必須補充的是，我們還未全面掌握其影響範圍，而且有無窮無盡的材料待研究。

然而在某種特定層面上，社會現象對早期教養的影響是十分清楚的。當大規模群體陷入貧困，先天虛弱、易罹患病症與高嬰幼兒死亡率便隨之顯現，這種關聯早已為人所知。同樣的，梅毒（luetische Seuche）[1]危及兒童生命之處，或無知的民眾試圖用酒精來遺忘苦難之處，相關證據亦俯拾皆是。至於那些面臨政治或社會壓迫威脅的人民與社會階層，其關聯性雖較隱晦卻仍可辨識。他們的子女多半會表現出弱者的伎倆，承襲其惡習與美德。他們往往會陷入一種叛逆心態——這種態度偶爾會為其帶來解脫，但多數時候會固化為常態，一方面是因為鬥爭立場似乎必須如此，另一方面是當缺乏自我力量信念時，社會劣勢會是一個絕佳藉口。此外，人工節育措施對社會與家庭的利弊也應納入

1 拉丁語：意為梅毒，硬下疳。

討論，因為該議題同樣受社會因素支配。而所有這些討論都表明：家庭這個微型世界和孩童的茁壯成長，始終與社會生活及動態緊密相連。

由此可見，在每一個心靈成長的問題上我們都可以看到，它是如何完全受制於社會目標的。

我們的研究結果可以得出以下結論：孩童與教育者幾乎都內化著某種社會意圖框架（Schema der Gesellschaft）——那些潛意識和有意識的主導思想，始終應對著他們的行為模式。這套悄然強加的框架僅具備局部真實性，更多時候是由片面的認知和帶有傾向性的評估拼湊組成的。而社會生活及未來發展的預設因人而異，它們宛如懸在孩童與教育者面前的永恆詰問：「當遭遇生活困境時，你將如何自處？」而他們的態度及所追求的人生道路，就是對此問題的答案。無論我們會觀察到什麼現象——直線邁步、性格特徵、情續波動、本能，還是心靈的把戲；無論是氣質稟賦、猶豫懷疑，還是樂觀或悲觀的基調；無論是**生命活力**（élan vital）[2]或倒退的趨勢——所有這一切都源於對**人格一統性**的強制力，皆是為贏得**認可**和獲得**卓越**這一目標所做的嘗試和鋪墊。由此可見，童年

2 法文：意為生命力，生命能量。此概念由柏格森（E. Bergson）提出，阿德勒經常援引其說。

與教育階段潛伏著扭曲人生視角的危險，這種視角既難被識別更難修正。家庭生活和早期教養環境——兩者本須為現實生活做好準備——卻往往不利**培養**孩童的**社群意識**，因為這種意識通常遲至學校教育階段才得以發展。由於視野的侷限性與先天困境，家庭環境更容易為孩子塑造出僵化的行為模式，使他們沉浸在一種充滿假想鬥爭與危險的虛構生活中，反而削弱了他們對現實生活的能適應能力，也損害了他們面對生活的準備狀態。這樣的成長環境常常導致孩子養成幾乎難以改變的猜疑、恐懼和猶豫的習性，並在他們成長的心靈裡灌注對各種勝利形式的貪婪渴求。

正如前文所述，面對如此複雜多變諸多未明的關係網絡中，想要提出一個普遍法則實屬僭越。值得慶幸的是，許多孩童在入學或步入社會後，能成功消除或淡化這些錯誤的預設和偏見。對於其他孩童而言，修正其錯誤的人生計畫通常可藉由個體心理學的檢查實現，而且最好是在早期階段進行——趁後天損害尚未成為既成事實（faits accomplis）[3]而增加修正難度。我想提出個體心理學派發現的核心事實：**自卑感總會被某種心理技巧掩蓋，直到在某個人生謊言中覓得支撐點，當然，同時也找到心理疾病。**

3 法文：既成事實。

然而，假若我的論述不觸及當今社會或許最關鍵的**婦女問題**，便顯得不夠完備。我們以勞動與生為本的社會結構，使得——用數字化的語言來說——男性往往要求並被賦予比女性更高的價值。這種經濟的不平等關係在大多數人腦海中形成「女性是為服務男性而存在」的扭曲認知。這種違反自然的預設，硬生生地割裂了兩性之間本應存在的天然聯繫。它是一種偏見，喜歡抓住女性偶爾的弱點大做文章，卻被男女雙方終生奉行。這種價值判斷觀不顯於言語或意識，而潛藏於態度中。這種女性自我評價的低落，導致她們因為已經失去自信心，而容易在面對生活考驗和抉擇前退縮。她們的努力通常過早後繼無力，或者因表現激亢而暴露出缺乏信心。獨立行動的傾向多在童年時期即遭扼殺，而極度強烈的**依附需求**——這種需求鮮能被滿足——使得她們的成就總是帶著自卑的烙印。弱者慣用的手段會浮現於，如迂迴追求不切實際的高遠目標及表現出屈服姿態。這些行為起初看似誇張，但很快便會扭曲成支配欲的表現。身體及器官的自然意義遭曲解，所有的本能衝動皆被那個既渴望又抗拒的目標，以及婚姻的束縛所改變、毒害。因為女性先天的特質已然貶值，只能在特定條件下有限度地恢復。那些學識淵博的作者自以為發現了所謂「先天女性特質」——即帶有貶義的、注定使女性永久處於劣勢的女性特質，無非是上述被迫形成的產物。它們之所以出現，是因為小女孩從小內化了

「女性在智識追求上注定徒勞」的男性偏見，便會不斷試圖用男性嗓音說話。然而，所有為了找回自信（那種早在早期教養階段就被剝奪的自信）而發起的抗爭嘗試，反而損害她們真實體驗世界。當男孩在成就上遇到困難時，他會以「這本來就不容易」來幫助自己保持心理平衡，繼續沉著努力。女孩在同樣情境下卻會從四面八方、甚至自己不安的內心中聽到：「因為我只是個女孩！」於是輕易放棄努力。然而人類的心靈無法在這種自我貶抑中找到安寧，最終往往會形成一種隱晦卻容易被解讀的奇怪敵意，指向那些表面上佔優勢的男性。

而男性自小便背負著必須證明自身優於女性的壓力，他們便以加倍的猜疑，甚至以暴虐來回應女性暗藏的敵意。既然「凡具人形者本質平等」[4]，我們可以理解兩性因這種扭曲卻幾乎難以避免的對立態勢，將陷入永恆的鬥爭——隨之而來的自然是為維護虛榮而產生的武裝戒備、防衛措施，甚至劍拔弩張。更糟的是，男女雙方都以過度的謹慎和強烈的恐懼彼此對峙，既互相敵視，又擔憂自己落敗。

這個剖析已直指社會有機體最根深的病症，同時揭露童年錯誤視角如何成為悲劇命

4 啟蒙運動確立的人權原則。

運的推手，假若此時還要執意強調那些因性別對立而產生的所謂「情感矯飾」（Verfeinerung der Empfindungen）這類謊言，實屬荒謬。而想要進一步探究的人都應當明白，兩性關係中所謂的優越性證明往往只是虛妄的表象，對所謂「位階提升」毫無助益。此外更須補充的是，這種表象常是藉由狡詐與偽裝的禁忌手段營造而出的。

學校有權**要求神經科醫生提供一份指引**：如何**識別偏離正軌的心靈，並至少避免惡化**。我們必須反覆強調的是，單純減輕課業負擔，尚不足以遏制青少年心理的畸形或是神經症現象。教師有意培養且精心準備的同伴式關係，其成效必然超越放寬任何行政層面的手段。反之，教師在課堂上不自覺流露出的強硬支配欲，則會喚起心理脆弱孩童的神經性抵抗。在我的年輕神經症患者中，普遍存在這種現象：他們為了與我形成對抗立場，會習慣將我投射成某位老師。只是這位老師被他們視為一個敵對的象徵。他們不斷預期在校外也會遭遇與校內類似的壓迫。這種備戰心理的根源之深，可從以下事實得證：即便老師表現出完全相反的特徵，學生仍會潛意識認定其意圖施加與父母兄長相似的壓力。此時，源自早期教養環境遺留下來的偏見，阻礙了學生純粹的學習追求，甚至學業成就。而在此情況下的關鍵之舉是：揭露、質疑，並摧毀這種後天習得的扭曲視角。

教師留下的烙印之深還可以從以下現象推斷：不少成年人遭遇生活困境時，常會頻頻夢見學生時代厭惡的師長與考試，這種潛意識反應彷彿在防備某種熟悉的威脅。清醒時，他們還會表現出不自然的彆扭姿態，宛如仍困在課桌椅之間。

若要完整描述神經質學生的特徵，恐會占據很多篇幅[5]。關鍵在於，即使對高年級學生，教育者也必須辨識出其通常隱藏很深的偏執傾向，細察他們對社會、同儕、師長、職業及異性的態度。我們可採用「**一位良好參與團體活動的學生**」作為參照基準——任何顯著的偏差都應引起警覺。因為在學校環境中，有兩個關鍵因素塑造孩子的心理輪廓：其社會適應意願的強弱程度，以及其生活目標是否符合社會框架。

對於那些社會適應不良、缺乏群體準備的孩童，我們可以初步（雖然開始時僅能推測）將他們所有**顯著的異常行為與缺陷**視為價值不穩定的表現。這些特徵往往會導致心理發展偏離，形成扭曲的世界觀。我們簡而言之[6]：這類兒童的命運取決於他們如何理解自身缺陷的意義。值得注意的是：即使某些身體健康的兒童，如果過度自信，同樣也可能陷入錯誤定位。這類學子在遭遇挫折時往往徹底崩潰、陷入完全怠惰懶散的狀態，

---

5 阿德勒，《論神經質性格》（*Über den nervösen Charakter*）（Adler 1912a/2008a），以及《個體心理學期刊》，慕尼黑，Reinhardt 出版社（Adler & Furtmüller 1914b）。

6 阿德勒，《論器官劣勢研究》（*Studie über Minderwertigkeit von Organen*），維也納，一九〇七年（Adler 1907a/1977b）。

但他們精心掩飾的敏感神經會又通過突然爆發或自殺企圖顯露無遺。

一旦發現學生成長於過度嚴格或溺愛的早期教養環境，也要預期會面臨同樣的適應困難。儘管在這些案例中，很容易推測學生的環境適應能力已因此受到嚴重負面影響，但我們必須同時考量到其可能已經形成的心理補償機制。

首要觀察指標（也是預防性教育最重要的依據）是學生當前對學校和周遭環境普遍期望的應對態度。這種態度體現在眼神、步伐，頭頸姿勢、注意力上、勤奮度、進取心，以及情緒特質，據此可大致估計教育難易程度。隨著年紀升高，當與公共生活的距離縮短時，偏離平均值的表現將愈發明顯。不過在這個年齡段，我們不應只關注那些最明顯的異常表現，因為那些完全適應不良者往往在低年級就已淘汰出局。儘管如此，在學年末或畢業考前，那些「生命勇氣不足」（Lebensfeigheit）的徵兆，仍會以各種加劇的神經質症狀顯現出來。

即使是這些高年級學生，他們的錯誤態度也源自他們從家庭生活中形成的視角，以及他們對人生持有的偏見。這些學生會將過時課程設計的難點或偶發的困難，誇大解讀為自身無能的信號。但這些因素不能視為危機的「起因」——更關鍵的是考量學生受其影響有多深。深入調查總會發現，心理失衡兒童們只所以會出現災難性的轉折，從來不是因為某個原因，而是源於他們對預期後果的恐懼。我們甚至可以預測心理不穩定的學生會在某些時間節點表現出加倍的叛逆、愈發懈怠，以及頻發的惡作劇。那些往往並非真正的困難，而只是想像中的困境。如果學生在這些時期喪失自信（這時我們不得不歸咎於我們整體教育藝術的失敗），他們幾乎不會坦然地承擔起責任。他寧願編造藉口。是的，他會如此做，而且手法如此不著痕跡，好遠離自我批判的視野，好讓發生的一切都不像應被追究的過錯，反倒像是無可避免的宿命。

在這類較為艱難的時段，學生的心理肖像會比平時更強烈、更清晰，近乎某種諷刺漫畫的風格：有人歸咎於先天缺陷或能力不足，巧妙迴避自身責任！所有被提出的理由都指向命運、遺傳、父母和師長的教育錯誤，彷彿這些就注定了一個人必然無能！人們尤其喜歡將前進道路上的停滯表述為某種謎團。或者，將疾病癥狀作為檯面上的合理性理由。另一種類型則是在經歷或長或短的掙扎後，便繳械投降，轉換活動場所。

最後我想描繪的這幅畫面，與逃兵或思鄉病患者有著驚人的相似之處。這些學生的行動和進步變得緩慢和不足，或者陷入明顯的急躁狀態，卻依然無法前進。有些人總是遲到、常在教室裡發呆、畏畏縮縮、變得膽小怕事，老師點名時就會臉紅驚慌。另一些人則完全懶散至極，經常缺課。有時會聽說他們在外頭晃蕩，常與不良同伴為伍，或終日呆在家裡，沉迷於一些與緊湊學業毫不相干的事務。還有一種重複著相同的逃避模式，只是表現出來較為溫和的類型——他們會在資格考前突然陷入熱戀，或是沉迷音樂、哲學和文學史。雖不能說所有這些學生都令人擔憂，但他們幾乎永遠無法靠自己的力量克服對生活的恐懼。

其中最嚴重的案例，甚至會將明顯的兒童期缺陷延續到青春期之後。若無法取得進展，就必須尋求醫療幫助。否則，我們就會目睹最極端的退化現象：智力衰退（早發性痴呆）或自殺。深入瞭解個案後我們總會發現，這些孩童早在幼年時就已喪失自信，始終帶著惶恐面對人生課題。而他們最常失敗的恰恰是社會期待與群體要求——考試、職業、性問題、個人責任、社會適應，這些都會令他們畏縮不前。最終，他們以神經質的反抗姿態，徹底拒絕所有社會要求。

一九二〇年——社會適應困難兒童

編輯說明

首次發表：

1920d：〈社會適應困難兒童〉（Verwahrloste Kinder）。收錄於：A. Adler（主編），《個體心理學的理論與實踐：醫師、心理學家及教師心理治療入門講座》（*Praxis und Theorie der Individualpsychologie: Vorträge zur Einführung in die Psychotherapie für Ärzte, Psychologen und Lehrer*）。慕尼黑：Bergmann出版社，一九二〇年，第237-244頁。附注：「一九二〇年四月講座」。

再版資訊：

1924：《個體心理學的理論與實踐》第二版，第234-240頁。

1927：《個體心理學的理論與實踐》第三版，第234-240頁。

1930：《個體心理學的理論與實踐》第四版，第223-229頁。

1974a：〈社會適應困難兒童〉（Verwahrloste Kinder）。收錄於：A. Adler（主編），《個體心理學的理論與實踐：醫師、心理學家及教師心理治療入門講座》。由W. Metzger重新編輯（一九三〇年第四版重印）。法蘭克福：Fischer出版社，第326-336頁。

第一次世界大戰結束後興起的公共討論中，兒童與青少年社會適應不良（Verwahrlosung）問題成為重要議題。此現象與戰爭期間難以為成長中的一代提供充足教育投入密切相關。因為大量父親被徵召離家庭投入戰場，而許多母親則需要投入大量的時間和精力來維持家庭的生計——此情形正呼應阿德勒早於一九一六年〈女性作為教育者〉專論已剖析的結構性問題。戰爭造成的教育缺位在一九一八年後徹底顯現，且因奧匈帝國解體後奧地利社會持續動盪而加劇：當時整體社會情境充滿不安、困境和對未來的焦慮。

阿德勒於一九二〇年發表關於兒童與青少年社會適應不良的研究時，他的見解與後續學者如奧古斯特・艾希霍恩（August Aichhorn 1926/1977）、西格弗里德・伯恩菲爾德（Siegfried Bernfeld 1929/1996），以及其他兩戰期間教育學者的論述高度契合。這個議題不僅在當時引發公眾的高度關注，更成為阿德勒後續著作中反覆探討的主題。

阿德勒在這篇著作（Adler 1920d/1920a）中，首先以通俗易懂的方式探討了導致兒童和青少年「社會疏離現象」（Verwahrlosungserscheinungen）的成因。他指出那些導致孩童從小就感到過度負荷、沮喪與自卑感的複雜印象和經歷，會讓這些孩童普遍將所處的生活條件——特別是與同胞（Mitmenschen）的關係——體驗為潛在的敵意環境。如果他們因此結合了追求權力感（Machtgefühl）及優越感（Überlegenheit）的野心，並且試圖預防可能的失敗時，便可能在無意識中將反社會行為建構為滿足此種欲望的有效手段。根據自一九一八年後在阿德勒理論具核心地位的「社群情懷」（Gemeinschaftsgefühle）概念，兒童和青少年表現出的多樣化社會疏離現象，應被理解為權力追求與缺乏社群情懷的表現與結果。

阿德勒在多處論述中指出，人們對兒童及青少年脫序行為（dissoziale Verhaltensweisen）普遍採取的應對方式，往往會導致與預期相悖的後果。對此，阿德勒建議採用其他措施，包括個體心理學對「社會疏離現象」的形成機制。

我們目前尚無法考證阿德勒一九二〇年發表於《個體心理學的實踐與理論》中〈社會適應困難兒童〉講稿的具體演說地點。但該次演講很可能與其兩項工作密切相關：一是他在維也納推動擴增（治療性）教育的支援體系，二是他在維也納成人教育機構（Volkshochschulen）的工作。

社會適應困難兒童

在戰爭為民眾帶來的諸多後果中，青少年「社會適應困難現象」的急遽惡化，無疑是最嚴重的問題之一。此現象已引發普遍關注，因為公佈的統計數據令人觸目驚心；而更值得深思的是，這些數字僅反映冰山一角——尚有無數案例在[1]隱蔽中持續發酵，經年累月後，最終呈現在我們面前的個體，不再是「社會適應困難者」，而是「犯罪者」。官方數據十分驚人，但未納入統計的黑數更為龐大。因為大多數案例最初僅發生於家庭場域：家屬日復一日期待情況會好轉，也嘗試各種方法；然而這些適應困難青少年的偏差行為（雖不構成刑事犯罪，但確實對家庭造成傷害），往往被刻意輕描淡寫而未觸及少年司法體系，所以其核心問題始終未獲根本解決。然而，我們不應對這些青少年層出不窮的過失與偏差行為感到絕望，但必須承認，在當前普遍對他們缺乏認識及理解的情

1 一九二四年增補：「家庭的」。

況，甚至存在誤解的社會環境下，過度樂觀亦非明智之舉。重點是，人類的發展軌跡——特別是青春期階段——本質上就與理想規範存在落差。當我們回想自身與同儕的成長經歷，即使後來有些成為出類拔萃的個體，他們也曾做出許多不當行徑。只要稍加留意，就會發現青少年階段的行為失序，實乃普遍存在的發展性現象。我曾技巧性地在學校班級中進行過若干次策略性調查，請孩童匿名回答是否曾經撒謊或偷竊，結果通常顯示所有孩童都承認有過輕微偷竊行為。其中有一個案例頗具啟發性：當時連老師也參與作答，並回憶起自己曾犯下偷竊行為。現在請思考這個問題的複雜性吧！某個孩童有位寬容明理的父親，這位父親會試圖理解孩子、努力引導這個孩童，而且很多情況下也都沒問題。而另一個孩童可能做出完全相同的行為，也許只是表現得更引人注目、更笨拙或更具傷害性，卻立即受到家規的嚴厲處罰，甚至被灌輸自己是「罪犯」的錯誤認知。因此，當我們發現不同程度的評估會導致截然不同的發展結果時，便不應感到驚訝。在所有錯誤的教育原則中，最糟糕的莫過於預言某個孩子將一事無成，或斷言其具有犯罪天性[2]——儘管也有學者主張「天生的罪犯」理論[3]，但此類觀點實則已墮入迷

2 阿德勒一九二四年注：參見伯恩鮑姆（Birnbaum），〈絕望的父母〉（Hoffnunglose Eltern）（Birnbaum 1924）。

3 一九二四年將學者主張「天生的罪犯」理論修訂成「學者們常歸因於先天因素」。

信範疇。此刻我們正面臨著常規教育束手無策的困境：無論是初現端倪的放任傾向，抑或積重難返的社會疏離現狀[4]。此種困境的出現實屬必然，因為這涉及兒童心理發展的複雜歷程，而我們對此過程的科學理解，仍僅局限於極小的認知範疇。

當我們論及所謂的「社會適應困難」時，通常指發生在學齡階段的案例。但具經驗的研究者能舉證諸多早在學前階段即形成的適應困難。我們不能將此現象全然歸因於家庭教育。父母可能須理解：縱然他們努力善盡教養職責，那些源自其他社會領域，在他們未察覺中滲透的教育影響——即那些未經察覺卻形塑兒童的環境因素——其作用遠超過「有意識教育」（bewussten Erziehung）的效力。事實上，正是整體生活情境與環境條件影響兒童的家庭教育。孩童會敏銳感知父親生計困境的沉重性，即使未被言明，他們也能感受到生活中的敵意。他們會憑藉有限的認知工具、受限的兒童理解與經驗建構自身的世界觀。然而，這種世界觀將成為兒童的行動準則，他們會在各種情境中以此為認知基礎，並做出相應的行為模式。後者多半是謬誤，因為我們面對的是個邏輯思維尚未發展、缺乏生活經驗，且易陷入錯誤推理的個體。但請想像一下，一個在擁擠居所與社

4 一九二四年將「此刻……現狀」修訂成「儘管這個結論令人沮喪：傳統教育對於初現端倪或已惡化的社會適應困難確實缺乏有效的應對方法」。

會逆境中成長的兒童，與那些未強烈感受到生活敵意的兒童之間形成的巨大心理落差。這兩類兒童的差異如此顯著，甚至從他們的言語神態即可辨識其所屬類型；後者因不諳世間艱辛，或者具備較強的克服能力，故能比較順利地與世界建立連結：這樣的孩子會以截然不同的姿態面對人生，充滿自信與勇氣，而且透過身體語言完整展現。我曾對無產階級工人社區的孩童進行過調查，他們最害怕的事情**幾乎就是挨打**，也就是怕家庭內部發生的遭遇。這類在強勢父親、繼父或母親威懾下成長的孩子，會將這種焦慮感延續至成年期。而我們不得不承認，整體而言，無產階級給人的印象不如市民階層那樣友善開朗，後者普遍表現出更大的勇氣。這種令人遺憾的情況很大程度上歸因於工人在成長過程中長期處於對暴力和生活的恐懼之中。這使孩童持**悲觀態度**，是一種最毒的毒藥；這種人生觀可能伴隨其一生，導致他們缺乏自信、優柔寡斷。然而，培養勇氣[5]的人格特質需要花費大量的時間和精力。而家境富裕的孩童回答相同問題的答案通常是：課業。這表明他們恐懼的並非人或是所處的環境，而是將自身視為生活的一部分，其中存在讓他們擔憂的挑戰任務。這也讓我們不得不反思當前學校教育的嚴重缺陷——它非但

5　一九二四年將「培養勇氣」修訂成「後續鍛鍊的勇氣」。

未能培養兒童樂觀勇敢的生活態度，反而引發他們的恐懼。

現在談談學前階段的教育疏漏。當兒童因某些破壞性關係（如對生活產生恐懼、將他人視為敵對者等）而陷入情緒激越狀態時，假若他們持續試圖凸顯自我價值、竭力抗拒被貶為「無足輕重者」——這種現象對我們毫不意外。因為這種「無足輕重」的處境，正是成人社會常強加於兒童的。教育學的核心準則之一就是以**嚴肅態度**對待兒童，視其為**平等**的存在，而不是貶抑、嘲弄他們，或認為他們言行可笑滑稽。因為這些都將被兒童體驗為實質性的壓迫——這種感知差異本質源於權力結構：弱者感受世界的方式，總與那些擁有身心優勢、安於現狀的人不同。我們甚至難以精確評估，當兒童每日目睹父母、兄姊完成各項成就並獲得讚賞，而自身卻無力達成時，其所承受的心理衝擊程度有多大。這個關鍵因素必須納入考量，而且任何一位能解讀兒童心靈者都會注意到，這些孩童對「**權力**」、「**社會認可**」，以及「強化自我價值」有著無比的**渴望**；他們強烈希望能發揮影響力，企圖成為要角。而「**小大人現象**」（Gerngross）僅是他們權力競逐中的其中一個特殊表現形態。此類差異可透過以下解釋迅速釐清：在一種情境中，孩子與父母和睦相處；而在另一種情境下，孩子則會陷入敵對態度，甚至刻意背離社會化要求，這不過是為了避免意識到「我一無是處，一文不值，大家無視我的存在」而導致心理崩潰。當這種極端發展形成，孩童覺察自身意義持續貶降時，就會啟動防衛機制（**所有個體皆然**），那麼社會適應困難的初期徵兆便可能提早顯現。我曾觀察過一個可怕的五歲[6]女童，她的智力發育有些遲緩，竟然已經造成三名兒童死亡。案發過程如下：她在一個鄉村刻意找了幾個較年幼的女童一起玩，然後將她們推入河裡。直至第三起事件發生後，人們才查出罪魁禍首。鑑於案情極端異常，女孩被安置於精神病院。女孩對自身行為的惡劣性毫無認知，雖然她[7]有哭泣表現，卻迅速轉移話題，很難進一步獲得其犯罪事實及動機。她作為上有兄長的夭女長達四年之久，長期處於過度溺愛的教養環境。後來妹妹出生了，父母的注意力轉向了她。這讓身為年長的她感到被退居次要地位。然而她無法接受這種處境，所以對妹妹產生了難以宣洩的憎恨——因為妹妹始終受到周密照護，也因為她潛意識意識到這種敵意極易被察覺。於是她的恨意泛化到所有小女孩的身上，將她們視為敵人。她在那些小女孩身上都看到了那個奪走父母寵愛的妹妹身影。這種情緒積累最終導致她內心仇恨極端到要殺害他人的地步。想要在短期內矯正這類兒童的行為往往徒勞，**因為他們的心智發展遲滯**（此現象遠比認知中更常見）。此時

6 一九三〇年將「五歲」修訂成「六歲」。
7 一九二四年增補：「在說明時」。

唯有採取長期教育策略，透過特殊的教育技巧，讓孩童經由系統性訓練重建其社會適應能力。然而這類常見的案例卻因為涉及「智能缺陷」而較少引發關注，我們或可將其視為自然造化的悲劇發展，因為這些孩子注定無法完全融入人類社會。但在眾多社會適應不良的青少年中，大多並無智能缺陷問題。相反的，他們其中不乏天賦異稟者，這些孩童曾有一段時期發展順遂，能力培養亦達相當程度，卻在**遭遇挫折**後，就[8]**很難克服人生主軸**（Hauptlinie des menschlichen Lebens）上的失敗。所有案例都呈現出相同的特徵：**被壓抑的異常強烈野心；對各類否定極度敏感；表現怯懦的方式不是直接逃離，而是逃避生活及其普遍要求為形式**。我們可以從這些特徵勾勒出以下關聯圖像：只有充滿強烈野心的孩子，才會在面臨可能超出自身能力的任務時退縮，並轉向其他途徑——彷彿是為了掩蓋自己的弱點。這正是學校中社會適應困難現象的的典型發展軌跡。我們常常發現，這種**適應不良**始終與先前的**失敗經驗**或是可能導致**失敗的威脅**有關。社會適應不良的最初徵兆表現為逃避上學。由於逃學不能被父母發現，所以會先偽造假條和簽名。然而孩童該如何利用這些空出的時間呢？他們必然要尋找消磨時間的活動。因此，這通常

8 一九二四年增補：「害怕」。

會導致**一群**處境相似、命運相仿的孩子聚集在一起。結果，那些本質上野心勃勃、想當要角的孩子，只是不再有自信能在主要路徑上實現自己的抱負。因此，他們會轉而尋找那些能夠令他們感到滿足的替代性活動。最終總會有一兩個人能成為領導者，於是野心者的競爭便隨之形成。每個成員都有自己可施行方案的構想。這些社會適應不良者仿效成人世界的模式，形成了一套屬於其群體的「職業榮譽準則」。他們努力策劃行動並熟練執行，但是由於他們[9]缺乏公開行事的勇氣（此乃其怯懦本質使然[10]），所以始終得要點小計謀，好在其他（同為社會適應困難者）同伴前博取聲名。然而，一旦走向這條道路，就是條不歸路。有時幫派中會有一些智力發展遲緩者，他們遭受的嘲笑譏諷反而激發其虛榮，促使他們決意採取極端行徑。**抑或他們從小就習慣於某種馴化模式**，他們被訓練要絕對服從，只聽從指令：便**付諸實行**[11]。常見的犯罪型態如下：心智較成熟者構思犯罪方案，然後由年幼、缺乏社會經驗者或自我價值感較低者執行。我暫且不談其他理應討論的誘因，像是低俗讀物或電影等媒介都在此階段發揮引導作用。必須指出的

9 一九二四年增補：「因為怯懦，」；一九三〇年增補：「獨自」。
10 一九二四年刪除：「此乃其怯懦本質使然果」。
11 一九二四年將「實行」修訂成「行動」。

是，現代電影工業的存續，本質上依賴於其對犯罪者與偵探雙方特殊技巧的戲劇化呈現，這種呈現方式恰恰滿足了觀眾的心理需求。值得注意的是，當個體過度推崇詭計的價值時，往往暴露出其對生活的根本性怯懦。幫派如此普遍，使得人們在討論社會適應不良兒童時，會自動將其兩者聯想在一起，但是孤狼（Einzelverwahrlosung）的案例同樣普遍。後者的生命軌跡雖與前者相似，但其近因動機（Beweggründe）似乎有所不同。我們必須明確指出：無論是群體還是個體層面的適應不良案例，其偏差發展的關鍵觸發點，都在於**「遭受實質挫敗」**或**「主觀預期挫敗」的心理時刻**——這正是反社會化行為模式萌生的原點。從最簡單幾乎無惡意的案例到最嚴重的個案，都循著相同心理機制：當個體的企圖心遭受挫敗時，對出醜的恐懼、自己的權力追求，以及權力意識在下滑的感覺同時發生作用，促使他們**走向旁門左道**（Nebenlinie）——就好像這些孩童為自己開闢了**次要戰場**（Nebenkriegsschauplatz）一樣。而典型的表現是一種特殊形式的懶惰。這種懶惰既非天生，也非習得的惡習，而是**精巧的逃避策略**。懶惰的孩童始終保有現成藉口：如果考試失利，就歸咎於懶惰而非能力缺失，以此維護自尊。現在，這些孩子也必須如同熟練罪犯偽造**不在場證明**，所以拿懶惰做為自己失敗的原因，而且他們成功了；他們受傷的企圖心得以藉由懶惰的掩護獲得修復。

我們深知學校存在的種種弊端：擁擠的班級、部分教師不適當的訓練，有時還包括教師因生活境況所迫而喪失教學熱忱——這使我們難以對他們苛求更多。但最主要的**陰霾是籠罩在這些心理糾葛之上的迷霧**，造成了師生關係陷入罕見的絕望境地。當學生犯錯時，他們得到懲罰或低分。這就好比有人摔斷腿時，趕來的醫生卻宣判：「您的腿斷了！再見！」這絕非教育的真義。這有如孩子們雖在如此惡劣環境中多方自我砥礪，但是他們是帶著殘缺繼續朝其聖地推進！直至某個臨界點，當罪孽（Sünden）[12]積重難返時，他們便陷入困境。只要親眼見過就能明白——即便最優秀的孩子，此時前進得多麼艱難！當累積的困難[13]不斷激發那尷尬的意識（peinliche Bewusstsein）：「別人辦得到，你卻做不到！」他們的抱負被挫敗，遭到挑釁！[14]有些人或許能繼續向前邁進，但更多人則另闢次要戰場。

孤狼的形成機制亦復如是。自卑感、力不從心，以及遭貶抑的情緒尤其突出。我曾

12 一九二四年將「罪孽」修訂成「缺陷」。
13 一九二四年增補：「與差距」。
14 一九二四年增補：「即便在專業協助下，知識的空白往往也無法在短期內填補。這樣的孩子最初真誠的努力得不到回報，儘管全心投入，成果仍需要數月才能顯現。而孩子、周遭環境與教師，往往更早失去耐心，孩子也再度喪失了興趣與熱情。」

有一名獨生子案例，父母傾注大量心血於教養。然而，這孩童五歲時便將父母外出鎖櫃的行為解讀為嚴重侮辱，此認知激發他找出備用鑰匙，竊取櫃中物品。他被對自主性的追求推向了這條道路上，並且發展出對抗父母的權力渴望，違反了社群法則。現年十八歲的他仍持續家盜行為，而父母竟以為悉數掌握其行徑。每當父親對他說：「偷竊有何意義？只要你一偷東西，我就會發現！」男孩反而感到得自豪，因為父親所知尚不及二十分之一。於是他相信只要夠聰明[15]，就能繼續偷竊。此處清晰呈現孩童對抗父母的典型戰鬥姿態，這種對抗會驅使其不斷做出背離群體道德的行為。即便成年後，該青年仍會建構心理防禦機制，使其能在不受良心譴責的情況下繼續犯罪。其父身為成功商人，雖未允許兒子參與業務，但青年確知父親從事非法貿易。當他與外人談及父親時，他總指責父親管教不公正，因為父親的行為與他一樣，只是規模更龐大。這個案再次印證環境教育的影響力，而父母對此卻渾然不覺[16]。

另一個無產階級案例：一個六歲私生男孩隨再婚母親生活。他的生父下落不明，而

15 一九二四年將「聰明」修訂成「突出」。

16 一九二四年增補：這名青年的一段童年記憶，揭示了他與父親之間長期隱藏的對立。某次散步時，父親一邊與生意夥伴交談，一邊手持燃燒的雪茄。男孩將此視為冷落，出於報復，他故意伸手讓父親的雪茄碰觸到自己而墜地。

繼父是位性情乖張的年長者，對小孩不感興趣，卻獨獨鍾愛親生女兒，經常和她親近、給她糖果，而年紀較大的男孩只能默默在一旁觀望。有一天，母親手邊鉅款憑空消失。後續數次失竊，母親也察覺竊賊正是自己的兒子，而且他把贓款悉數拿去買糖果，偶爾還分饗同伴。此舉顯為博取注目。你們在這裡當能辨識，這不過是男孩開闢的次要戰場，其戰略核心仍是那永恆主題：爭取優越，贏得尊嚴。而案情反覆重演，繼父的棍棒亦接踵而至。我看到這孩子渾身是抓傷與鞭打的傷痕。當然，體罰終未能遏止偷竊。固然，母親疏於錢財保管確屬不智，但有多少父母能夠聰明地處理這種情況呢？對此案例的調查結果顯示，男孩曾由一位年長農婦撫養；她往返鄰村時總帶著他，並時常給他糖果。如今男孩面臨新處境：他感到自己相比過去遭受極大不公平——妹妹被溺愛且獲得甜食，他卻沒有；妹妹受到關注與重視，他卻被忽視；儘管他在學校表現優異。你們看：錯誤會在某種強制下，**恰恰出現在敵人所在位置**。許多案例皆如此，**社會適應困難如同一種報復行為**，舒緩孩子心靈上的被壓迫感[17]。

17 一九二四年增補：或者一名十一歲女孩的案例，自幼遭父母遺棄，由祖母撫養長大。她的母親是猶太人，在生下這個非婚生子女後不久便結婚並消失無蹤。某次，父親帶著新婚妻子來訪時，竟禁止孩子稱他為「父親」。女孩在天主教環境中成長，卻被視為猶太人，並與她的猶太宗教導師激烈衝突——導師甚至讓她在一年級時就不及格。不久後，這女孩開始連續行竊，並將偷來的物品分給同學，藉此收買她們、炫耀自己。她在學校的可悲處境，引發並刺激她的吹還有一點必須指出：社會適應困難者，除非當他們結伴行動（這也再次暴露出他們的怯懦本質），不然犯下的通常不是主動和勇敢的過錯。他們主要的犯罪行為是偷竊，可稱為「懦弱型犯罪」（Feigheitsdelikt）[18]。

當我們試圖完整理解這些孩童在社會關係中的處境時，會觀察到兩個關鍵特徵：一、其野心本質上是他們追求權力與優越的展現，因此當主要途徑受阻時，他們便會轉向其他領域確立自我價值。二、其人際連結十分薄弱：他們不是好的團隊成員，不僅社會適應困難，還有明顯的孤僻傾向，同時與現實脫節。與親人間的愛往往僅存表象或習慣，甚或完全缺失，甚至在極端情況下會攻擊家人。這些兒童缺乏社群情懷，未能與他人建立健康的人際紐帶，並持續將他者視為敵對的存在。多疑是他們身上極為常見的特質。他們時刻處於戒備狀態，提防被他人利用。我常聽這類孩子強調必須「精明」（gerissen）些，也就是要勝過他人。這種猜疑會悄然侵蝕所有人際關係，導致與他人共處變得日益困難。因此缺乏自我肯定、怯懦的算計（feige List）便自然滋生。

問題是，追求權力與缺乏社群情懷是否屬於不同的驅力？當然不是，二者實為同一

噓欲望，並進一步表現在她總愛戴著黃銅戒指的行為上。

18 一九三〇年增補：「然而，所有其他犯罪，本質上也都顯露出懦弱的特點。」

心態的雙重展現。**當權力欲過度膨脹時，歸屬感**（Gefühl der Zusammengehörigkeit）**必然受損**。因為受權力欲支配者只關注自身權勢與地位，而漠視他人存在。如果能成功培養出歸屬感，便是預防形成社會適應困難感的最佳措施。

在這社會疏離情形日益嚴重的時代，我們對於該採取什麼行動感到憂慮。固然，盡快介入是合理且合宜的，因為即便在最太平的歲月，市民社會也從未能真正掌控社會疏離與犯罪問題。它僅能施加懲罰、進行報復，充其量起到威嚇作用，卻始終無法解決根本問題。就算社會或許可以隔離那些適應不良者——但請深思那些人的悲劇命運：正是極度的孤立迫使他們走向犯罪，**他們斷絕了與社會的連結**，所以成為罪犯。慣犯便是由此而生！更嚴重的是，將社會適應不良的兒童與行為偏差者，甚至罪犯一起集中安置，此舉實屬重大謬誤。

我們必須考量到，社會上約有40%的犯罪行為始終未被揭露。但社會適應困難者的情況更為嚴峻。近期一名青少年殺人犯遭判刑時，只有他的辯護律師知曉這已是法庭審理中的第二起謀殺案。當這類人群聚一起時，他們往往交流自己多少罪行未被察覺的經驗。這種現象不僅實質阻礙犯罪防治，更助長犯罪者的勇氣[19]。

19 一九三〇年增補：「並賦予他們一種（儘管令人憎惡的）英雄主義的情緒。」

然而，我們也必須正視社會應對機制本身的缺陷。司法系統與警政機關的成效不彰，是因為其處理的始終是表象而非根本問題。改善之道首須重構行政機構的性質，使其更具人文關懷。必須建立專責機構，輔導這些社會適應困難的兒童重新融入社會生活——不是將他們隔絕於社會之外，而是培養其社會親和力。唯有透徹理解這些孩子的特殊性，此目標才可能實現。絕不能僅因裙帶關係而讓某人（例如退役軍官）擔任教養機構主管，唯有那些具備高度社會情懷、對受輔者特質有同理心者，堪能擔當此任。要謹記我論述的核心：在人人互為敵人的社會裡——現行經濟模式正是如此——社會適應不良現象注定無法根除。因為適應困難與犯罪行為，本質上是**經濟生存競爭下的產物**。這種陰影早已籠罩孩子的心靈：動搖其心理平衡[20]、助長虛構的優越感，最終使其既怯懦又喪失與他人合作的能力。

為了有效控制與消除社會適應困難者[21]的問題，設立治療教育學（Heilpädagogik）的專業教席是必要的。令人難以理解的是，這樣的教席至今仍然空缺[22]。目前各相關領域

20 一九二四年增補：「摧毀其社群情懷」。

21 一九三〇年將「社會適應困難者」修訂成「社會適應困難」。

22 阿德勒期望通過在大學設立相應的教席，做為推動社會改革的重要動力。早在一九〇二年，他已在《醫師職業報》（*Arztliche Standeszeitung*）上，呼籲設立社會醫學（soziale Medizin）教席（Adler 1902b）。

的人對社會適應困難者的理解都很貧乏。任何負責相關事務的人員，舉凡涉及此問題的工作人員都應在這樣的系所工作[23]。這裡應該是個中心，讓人們能針對所有預防與對抗社會適應困難的事務尋求協助。

此外，還應該設立[24]地方諮詢機構，專門為輕度案例提供服務。對於重度案例，這些機構則應該引導家屬找到他們原本永遠無法找到的路。

最後，學校教師也應該熟悉個體心理學和治療教育學，以便他們能夠在早期就識別出社會適應困難的跡象，即時介入或以恰當的方式與關懷阻止問題惡化。此外，還須設立一所示範學校，作為輔導人員實務培訓[25]的訓練場所。

23 一九三〇年增補：「並證明他將採用哪些方法」。

24 一九三〇年增補：「與學校相關的」。

25 約莫與本文發表同時，維也納開始出現一系列變革，促使維也納市教育委員會於一九三一年正式將一所男子中學認證為「個體心理學實驗學校」。奧斯卡．施皮爾（Oskar Spiel, 1947/2005）曾對此實驗教學工作進行詳細記述。相關文獻另參見：Wittenberg（2002）；Datler 與 Gstach（2005）。

一九二三年——

孤立之危害

編輯說明

首次發表：

1923e：〈孤立之危害〉（Die Gefahr der Iolierung），載於《監護、少年法庭與感化教育中央期刊》（*Zentralblatt für Vormundschaftswesen, Jugendgerichte und Fürsorgeerziehung*）第十五卷，第三期，第53-54頁。

再版資訊：

1923g：〈孤立之危害〉，載於《準備》（Bereitschaft）第十期，第2-3頁。

1982a：〈孤立之危害〉，收錄於《阿德勒選集：心理治療與教育（第一卷）一九一九年至一九二九年》（*A. Adler: Psychotherapie und Erziehung. Ausgewählte Aufsätze, Bd. 1. 1919-1929*），由H．L．安斯巴赫（H. L. Ansbacher）與R．F．安托赫（R. F. Antoch）編選，R．F．安托赫撰寫導論，法蘭克福：Fischer出版社，第48-51頁。

二十世紀初湧現的醫學、心理學與教育學思潮，以嶄新視角闡明了環境影響及（潛意識）內在心理歷程對外顯行為形成的重要性。據此發展的理論體系旋即引起法學界高度重視，因為這些理論不僅為違法行為提供創新詮釋途徑，更促使學界重新審視既有預防犯罪及防堵再犯的矯治模式。在此脈絡下，二十世紀初期逐漸形成以下的共識：

- 執行法律規範（尤其是執行青少年法）須以教育目標為導向；
- 此導向應以當前的理論發展為根據；
- 為實現此訴求，法學、教育學、醫學及心理學領域亟需交流與協作（參見 Kölch 2006）。

阿德勒個體心理學自創立之初便深度參與此一理論進程（相關研究見內格勒〔Naegele 1925〕、法蘭克〔Francke 1926〕、克洛斯特曼〔Clostermann 1927〕、託本〔Többen 1927〕和艾希霍恩〔Aichhorn 1934〕等學者文獻）。阿德勒在其著作中明確主張：個體心理學不僅能詮釋犯罪行為之成因，更提供「防治」脫序行為和犯罪的有效方法（Adler 1904a/2007a；Adler 1916/2009a）。值得注意的是，一九二〇年後，阿德勒對此議題的論述篇幅顯著增加此外，更透過專文系統性探討犯罪與社會適應不良問題（如 Adler 1932h，《學術全集》第三卷；Adler 1920d/1920a；Adler 1921/1922；Adler 1924e/1925；Adler 1931h/1982b）。在此理論發展背景下，司法改革派學者亦開始積極引介個體心理學觀點，並於個體心理學學術期刊發表研究成果：

- 例如，在《個體心理學期刊》創刊號中，檢察官策勒（Zeller 1914/1916）與律師豪澤（Hauser 1914/1916）分別發表〈刑法與個體心理學之關聯〉（Das Strafrecht in seinen Beziehungen zur Individualpsychologie）及〈個體心理學與刑事政策〉（Individualpsychologie und Kriminalpolitik）兩篇專文。
- 赫伯特．法蘭克（Herbert Francke）與奧托．內格勒（Otto Naegele）法官及律師歐根．施密特（Eugen Schmidt 1923/1924、1925、1926、1928）於柏林與慕尼黑，積極引介個體心理學，致力將阿德勒的理論應用於德國少年福利工作與刑法改革領域。
- 「國際個體心理學協會」大會同時匯集了個體心理學家與法律學者，以阿德勒的理論框架探討法學議題：首屆國際個體心理學大會中，兩位法學專家發表專題報告；第二屆大會更擴展至三位法學專家，針對刑法與獄政制度之當代問題進行分析（參見大會報告1923/24a及1923/24b）；至第四屆大會時，則以「社會適應不良與犯罪行為」為核心議題，並由兩篇律師報告揭開序幕——該研究援引個體心理學理論，對奧地利與德國刑法體系提出批判性檢視（Lenzberg 1927，第469頁）。

早在個體心理學、法學與司法實務展開初步交流之際，阿德勒便為德國《監護制度、少年法庭與感化教育中央期刊》（*Zentralblatt für Vormundschaftswesen, Jugendgerichte und Fürsorgeerziehung*）撰寫了關於〈孤立〉的短文（Adler 1923e）。該期刊編輯部以注釋形式特別致謝阿德勒撰稿，並提示讀者：該刊早於前一年已透過兩篇專文系統介紹過阿德勒的理論體系（Dosenheimer 1922；Francke 1922）。此現象印證了一九二〇年代初期，阿德勒的學術著作與實踐成果，其影響力已超越奧地利，在國際獲得認可與推廣（Hoffman 1997，第175頁起）。

阿德勒於此文（Adler 1923e/2009a）中精要地指出，阻礙發展中個體為「共同福祉」（Förderung der Allgemeinheit）作出貢獻的關鍵因素。他特別勾勒出某些兒童的發展路徑——這些個體自幼便傾向透過「社會性退縮」或「自我心理隔離」，切斷與他人的交流互動。在阿德勒看來，此類個體往後在「社會」、「職業」與「愛」三大生命任務領域中，亦難以發展出有益於共同體的應對模式。據此，阿德勒呼籲必須將兒童早期的社會性退縮或自我心理隔離傾向，視作嚴重的警告信號。這亦隱含對採取社會隔離手段的教育措施或青少年輔導手段的批判。

孤立之危害[1]

一個人的人格本質與生命意義，唯有透過個體本身與他人的社會連結，以及個體如何回應那些社會無法迴避的問題，才能真正被理解。任何想法、行為或卓越成就的價值和意義，皆根源於其對共同福祉的促進作用。舉凡個體或群體心靈之偉大創造——法律、宗教、科學與藝術作品，僅能從它們對群體的長期或階段性效益中獲得其意義和正當性。

人類在面對自然時，確實處於一種被冷遇的境地。即便以當代文明所提供的諸多輔助，仍不足以讓人類享有免於憂慮的生存。自然持續對我們嚴苛無情。這種考驗使我們

1 原編者注：一九二三年（參見前文《中央期刊》聲明）我們特別榮幸能刊載上述由維也納著名心理學家、個體心理學新方法開創者專為本刊撰寫的論述。謹此推薦兩篇相關文獻：其一為一九二二年十二月八日至十日於慕尼黑召開之「國際比較個體心理學協會」大會報導（載於《中央期刊》第十四卷第十一期第239頁，Dosenheimer 1922）；其二為地方法院法官法蘭克（Francke）所著〈青少年自卑感及其在輔導工作中的治療〉（載於同刊第十四卷第二期第27頁，Francke 1922）。

感到壓力，而萬物的無常性及我們在生命初期的全然無助感，都在每個人的心中滋養出**不安全感與自卑情結**，進而驅使我們強制發展出改善人類處境的追求。

要緩解孩童的不安全感，事實邏輯已為我們指出相當明確的路徑，那就是融入人類社群。依賴與歸屬感能夠驅散孩童的不安。因此，教育的核心任務在於促進這種「扎根」過程，並喚醒對地球家園的認同感。

許多孩童在成長過程中未能成功扎下根基。他們像異鄉人般游離於群體中，對參與共同任務漠不關心。這種情況的變異形式不勝枚舉。

這些個體毫無例外地偏離了生命課題的正確解答。正如一道數學題，每個人都有其獨特的解法及絕對的終極意義，只是難以完整演算。任何重大謬誤都將招致自然後果與社會評價的制約，阻礙個體達成社會適應，並承擔起相應的任務。我們與社群有著三重的關係，分別體現在社會、工作和愛情中。

我們承擔的任務必然以肯定社群歸屬感為前提。據此，人生準備工作須從童年奠基——孩童不該在成長環境中感到格格不入，必須建立對自身能力的信念，體認所處環境的可靠性，並將自己朝向社群歸屬感的發展，視為有價值且正確的途徑。

這種成為夥伴的發展過程，常因塵世生活的困境所阻礙。而溯其源頭總會發現是來自最早期的童年因素：這些主觀建構的障礙（雖可理解但非客觀）源自孩童不成熟的錯誤詮釋——可能是身體上的虛弱、病痛或苦難（縱然這些問題隨著時間的推移得以改善），卻已在孩童心中留下難以抹滅的敵對生活印象；亦可能是（合理或非理性的）「被剝奪感」導致的同等結果。過度寵溺則會造成對最親密的人的病態依附，並對新事物形成產生讓自己裹足不前的不安全感。

這三類人往往容易感覺自己身處敵境，從而與生活失去連結。

這種生命態度必然伴隨著對自我過度的關注、備戰般的心理狀態，以及對他人無情的敵意。唯有當我們徹底理解這種自我中心生活模式的全部技倆——包括對未來的不安、對自身能力的信心匱乏（特別是當拋開一切人為手段與詭計時）、對他人幸福與命運的貶抑、對社群情懷的壓制，以及那種透過反文明方式追求權力擴張的虛榮——我們才能真正領悟這些靈魂的**孤立狀態**，理解他們為何會陷入神經症、妄想世界，甚或（若仍保有某種行動力）社會疏離、犯罪與自我了斷的深淵。

偏離社群道路的傾向，早在孩童時期便會以多種形式顯現。但在所有早期發展的偏差（Abwege）中，或許沒有哪種像「孤立」這般，既是因也是果——無論這種孤立是外在可見或內在心理層面的。此種狀態將使個體無法完成社群生活的必要準備。即使在今日，我們仍可能低估這種準備的重要性：它不僅是人際交往、職業選擇與專業能力養成、道德感與美感發展、融入新環境、發展邏輯與語言能力，更是建立健全友誼與愛情關係的根本條件。它也是個體容忍家庭、學校，以及社會生活中的困難與挫折的前導因素。

只有在社會中才能為生活做好適當的準備，就像學習游泳只能在水中進行一樣。無論是姿勢、舉手投足、語言表達形式、思維過程、情感，以及情緒的表達方式，這些對適應社會至關重要的技能，只能在社會環境中學習。因此，有必要儘早讓孩童在各種有利的保護措施下，接觸盡可能廣泛的人群，防止其心靈感到孤立。

這項要求在生活實踐時，必須要確保孩童在家庭內與成員的連結不應受到干擾——不會被冷漠對待，或是對父母任一方產生偏執依戀。此外，父母之間的衝突、爭吵與強權壓迫，同樣會阻斷這種連結。強制、嘮叨與阻礙個體自主發展，都將導致孩童的不安全感與勇氣受挫，並損害其社群情懷。當家庭呈現孤立傾向、父母因勇氣受挫而傳遞對未來的恐慌時，更會削弱孩子的自信，影響其社交能力——此種受挫感甚至可能擴及整個階級、民族或國家。

孤立孩童的形象並不容易被辨識。孤立的嚴重性幾乎總是被低估。這些退縮、羞怯、封閉的孩子沒有朋友，或只有那些甘受其控制的同伴；他們常埋首書本、耽溺於白日夢，極難培養成為夥伴與合作能力。他們十分自負與敏感，使其難以參與群體活動。他們的勇氣僅存於幻想或炫耀之時，但在面對微小困難與挫折時，卻會立刻逃遁，輕易氣餒。藉口、謊言與託辭是他們適應社群需求不良的徵兆，還有格格不入、鑽牛角尖、缺乏耐心與對他人的缺乏理解亦是。他們的生活對我們而言如此陌生——正如他們自覺是世間的異鄉人，帶著病態的自負，彷彿他生來只配存在更高層的境地。

難教養的兒童

一九二六年——

編輯說明

首次發表：

1926：《難教養的兒童》（*Schwer erziehbare Kinder*）。德勒斯登：am Anderen Ufer出版社

再版資訊：

1927：《難教養的兒童》（第二版）

2001：收錄於奧托・呂勒（O. Rühle）與愛麗絲・呂勒（A. Rühle）主編（1926-1927/2001）：《難教養的兒童：系列論文集》。由G. Lehmkuhl與H. Gröner重新編輯並撰寫導讀。哥達：德國個體心理學協會（Deutsche Gesellschaft für Individualpsychologie）出版，第32-48頁。

一九二〇年代中期，無論是倡導或推廣個體心理學的人數都顯著增加。此一發展在很大程度上歸功於阿德勒密集的演講活動，以及其眾多講稿後續得以出版的事實（Bruder-Bezzel 1991，第44頁起及第52頁起）。本書收錄的文本是阿德勒一九二六年在開姆尼茨（Chemnitz）演講的簡要版本，該文同年亦作為《難教養的兒童》論文叢刊的

首冊出版。

此叢刊由奧托・呂勒（Otto Rühle）與愛麗絲・呂勒（Alice Rühle）主編，二人被稱為「個體心理學的中堅人物，同時亦是知名作家」（Lehmkuhl與Gröner所言，見Rühle u. Rühle 1926-1927/2001年版，第8頁）。他們隸屬個體心理學中的馬克思主義流派，一九二四年共同創立德勒斯登分會，並透過其創辦的am Andern Ufer出版社發行多部個體心理學著作（Mackenthun 2002）。一九二六至一九二七年間出版的二十冊《難以教養的兒童》叢刊即為其中要項，每冊皆設定特定主題，並由當時個體心理學領域的知名代表學者執筆（Rühle u. Rühle 1926-1927/2001）。

阿德勒在其文章〈難教養的兒童〉（Adler 1926l/2009a）開篇即強調：任何試圖引導這類兒童的人，都必須致力於建立一種能讓孩子敞開心扉的關係。他認為，唯有透過這種連結，才能深入兒童的內在世界，理解其心理運作如何導致那些被判定為問題行為的外顯表現。此一理解歷程至關重要，因為對「難教養的兒童」進行引導的根本目標，正在於「消除」（zu beseitigen）這些行為背後的心理成因（或根源）。阿德勒此觀點與當時盛行的教育實踐形成鮮明對比——彼時多數人傾向嚴厲懲戒所謂的「兒童過失」（Kinderfehler），卻忽視探究這些「錯誤」背後的深層心理意涵。他特別指出，有效的教育態度應奠基於審慎的反思，而非倉促或缺乏理解的干預行動。

進一步地，阿德勒分析母親角色對兒童發展的關鍵影響：若母親能成功滿足孩子對情感依附的需求，將顯著影響其「社群情懷」的培養成效。文中亦重申學校的教育職責，強調其核心任務在於「識別並矯正兒童的發展性錯誤」。

文末收錄了阿德勒演講後針對三個提問的現場回應。

難教養的兒童[1]

當我們觀察兒童過失時，應當沉靜思索其行為背後的緣由。這過失因何而起？是否存在特定緣由？是否潛藏著某種誘惑，使孩子從有益的一面轉向無益的一面[2]？唯有確切把握這些成因，我們方有可能消除它們。然而，此項任務的達成，必以我們與孩子建立良好關係為前提。我們須贏得孩子的信任，使其願意向我們敞開心扉，如此方能深入理解其內心世界。唯有透過這種連結，我們的教育方能真正發揮影響力。

有些人認為，通過對抗態度也能達到教育孩子的效果，對此我深感懷疑。孩子的偏差行為往往是在壓力情境下產生的反應。因此，我們必須避免建立嚴苛的懲戒制度，更

1 一九二六年三月三日於開姆尼茨演講之節錄稿。

2 在引入社群情懷（Gemeinschaftsgefühl）這一概念後，阿德勒越來越明確地區分了兩種類型的努力：一種是屬於「有益的」（nützlichen）生活方向，另一種則被歸類為「無益的」（unnützlichen）方向。在他的著作《個體心理學與科學》（Adler 1927，第409頁）和《學校中的個體心理學》（*Individualpsychologie in der Schule*, Adler 1929）中，阿德勒以一幅由他的兒子庫爾特（Kurt）繪製的圖示表達了這一區分。阿德勒在本書中也提到了這種圖像式的呈現。

不該抱持「孩子說謊或偷竊就該立即受罰」這類觀念。那些家有難管教孩童的父母總說：「我們軟硬兼施都沒用，還能怎麼辦？」我並非主張「仁慈」是萬靈丹，但它確屬必要——唯有當孩子願意與我們合作時，才可能真正改變他的整體人格。因為孩子表現出的偏差行為只是表象，我們必須從這個癥結點著手。若只因孩子說謊就施以懲罰，最終可能只會使他們學會更謹慎地隱藏行為；他們或將築起更高心防，甚至發展出更複雜的欺瞞手段來達成目的。

現在，讓我們深入探討孩子的內心世界。

我們在嬰兒生命最初數日便可觀察到一種「溫柔需求」[3]的萌發。孩童開始對環境產生主動興趣，而母親作為首要他者自然成為關鍵對象。此過程具有深遠意義的過程——它標誌著個體從孤立狀態覺醒[4]，並開始塑造一個包含其他人的世界，同時學會

3 阿德勒於一九〇八年在〈兒童的溫柔需求〉（Das Zärtlichkeitsbedürfnis des Kindes）中首次提出「溫柔需求」（Zärtlichkeitsbedürfnis）這一概念，並對其表現形式描述如下：「溫柔需求的原始表現（ursprünglichen Äußerungen des Zärtlichkeitsbedürfnisses）已足夠明顯且廣為人知。兒童渴望被撫摸、被疼愛、被讚美，他們傾向於依偎他人，總是待在所愛之人身旁，希望被抱上床等等。隨着成長，這種渴望逐漸轉化為對親密關係的追求，並由此衍生出親情、友誼、共同體情感與愛情。」（Adler 1908d/2007a，第96頁）

4 阿德勒在一九〇八年關於〈兒童的溫柔需求〉的論述中，尚未提及兒童最初處於某種「心理」孤立狀態，而「溫柔需求」的出現使其脫離此狀態這一假設。此觀點可能受到佛洛伊德（Freud）一九一四年論文《論自戀的導入》（*Zur Einführung des Narzissmus*）的啟發，其中佛洛伊德提出「原初自戀」（primärer Narzissmus）的概念——依照佛洛伊

與他們建立聯繫。母親的任務不僅是生育，更須成為孩子的夥伴，即能讓孩童信任的可靠存在，一個對孩子有用、支持孩子的人。透過這種與母親的聯繫，孩子開始發展「社群情懷」；需求滿足不再僅依賴自我調節，而是進入到一個新的關係網絡中實現——儘管初期僅包含孩子與母親。

此階段已蘊含未來發展的起點與潛在基本錯誤。這個最初的社會單位本質上是為更大的單位（家庭與成長環境）預作演練。此即「社會化人格」的發生起點。

人並非孤立存在，亦非僅為自身而活。他並非封閉的個體，而是透過母親的中介作用完成關鍵過渡，學會與人類群體建立連結，並將自身視為整體的一部分。此後，他的「生活公式」（Lebensformeln）才得以逐步形成並確立。若孩童缺失母親，或被迫由無法履行母職者撫養，此過渡便可能失敗。這種情形常見於那些輾轉於不同收養者之間、無人給予溫暖的寄養兒童[5]——他們始終感覺自己不受歡迎。這類孩子必然會發展出獨自

德的說法（Freud 1914c/1975，第43頁），這表現為力比多（libido）最初投注於自我，之後才延伸至客體。

5 在過往，被稱為「寄養童」（Kostkinder）、「托養童」（Haltekinder）或「領養童」（Ziehkinder）的兒童，指的是「日夜寄養於陌生人家中並支付費用」的孩童（Karstedt等人，一九二四年，第311頁）。一九二四年生效的《德國帝國青少年福利法》（Reichsjugendwohlfahrtsgesetz, RJWG）將這類兒童統一稱為「寄養兒童」（Pflegekind）。根據Többen（一九二七年，第664-665頁）的研究，在已故或涉及犯罪的兒童及青少年中，寄養兒童的比例異常偏高，這可歸因於多數寄養兒童所經歷的嚴重照護不足與疏忽。此現象的惡化，部分源於在《帝國青少年福利法》實施前，政府對寄

生存的方式，因為他們總預設他人懷有敵意。至此，我們已能推斷這類孩童將展現的特質：他們持續遭遇拒絕、驅逐與嚴苛對待，猶如在敵境中成長。即便這屬於極端案例，我們仍能在許多兒童及成人身上觀察到類似徵兆——那些未能成功發展出社會情懷的個體。

這點至關重要，因為這樣的孩子將永遠處於孤立狀態，既無法與人親近，也無法建立任何聯繫。在所有需要發展出強烈社會情懷的能力上，他都將有所欠缺。難道這些是微不足道的小事嗎？它們恰恰是孩子所能擁有的最珍貴的資產。不僅如此，這樣的孩子將難以維繫友誼，而所有美德——忠誠、奉獻精神、樂於助人，乃至對他人缺點的包容——都將與他無緣。凡是與兒童打交道的人都會發現，有太多孩子是在錯誤的基礎上成長的。他們對同伴、父母和師長缺乏尊重，無法與人達成共識，總是爭執不休，甚至表現出粗暴的行為。而當我們深入探究根源時，往往會發現母親的缺席，或是母親因故未能履行其與生俱來的職責與使命。

然而，我們不應將責任全然歸咎於母親。她或許受限於工作壓力或人生境遇，而無

養家庭活動的監管極其薄弱，導致該領域「弊端與損害普遍存在」（Többen 1927，同前引）。

法給予更多關愛，致使孩子錯失母性陪伴的滋養。母親在無意中動搖了教育的根基。而要在孩童心中種下仇恨的種子，最有效的方式莫過於施加懲戒——究竟要到何種程度，孩子才會徹底放棄與母親建立情感連結？我們見證過無數這樣的案例，不僅是兒童，更包括許多終其一生困頓的成年人，他們始終未能成功建立與母親及社會的紐帶。我們必須理解：這絕非母親缺乏愛意，而是愛的方式出了差錯。但我們無權責難她，因為她可能根本別無他法。這些孤獨的孩童逐漸築起敵意的堡壘，成為團體中的「遊戲破壞者」（Spielverderber）——他們無法與人協作完成共同目標，或許能暫時獨自存活，終究卻被自身散發的冰冷氣息所反噬。周遭人人都能感受到這股寒意，卻未必能洞悉其根源。實質上，這些孩子是未能為發展社會性功能做好準備的迷途者。

舉例而言，人類語言的發展正需要這種人際接觸。語言就是從這種親密聯繫中誕生的，更重要的是，它同時也成為連結個體與他人的新紐帶。我們經常發現，若孩子未能正確融入社會，其語言發展便會受阻。在眾多案例中，我們觀察到兒童出現語言發展遲滯，或因口吃而遭受壓抑的現象。這些情況往往並非源於母愛匱乏，而是未能成功建立與他人的連結。我見過許多因口吃而深陷壓抑的孩子；唯有找出根本原因，問題才能真正解決。我們必須強化這些孩子與他人的聯繫，但這需要全面審視其成長歷程，不能直接強制干預，而是應當暫停腳步深入思考，並找到讓孩子自願參與的方法。我曾遇見一名九歲孩童，自幼被帶離生母，交由一位全然陌生的農婦撫養。當這孩子到達學齡時，被發現幾乎無法用語言與人溝通，且充滿敵意——因為他從未有機會透過語言與他人建立聯繫。他既無朋友也無人關懷，因此唯一的解決之道，就是將這孩子從原有環境移出，安置於新的社群中，從而幫助他與他人建立連結。

不僅語言能力會因這種不幸的發展而受損，理解力的發展同樣會遭遇阻礙——因為理解思維本質上要求普遍有效性。當我認定某個想法正確，或自認在進行正確思考時，必須預設每個理性個體都應以相同方式思考。但若與他人完全隔絕，如何驗證此假設？倘若我與他人處於敵對狀態，同樣無法實現。正因如此，我們發現這類兒童的理解力發展往往低於平均水準。

對離群索居者而言，道德堪稱世上最無用之物。孤獨者不需要道德，因為道德本質上是社群情懷的體現，是具普世價值的功能產物，也是人際互動中形成的生活樣態。因此，當我們看見兒童表現出不道德行為時，可以斷定其與他人的聯結已遭破壞。而在修復這種聯結之前，對兒童實施道德教育簡直是癡人說夢。

此原則同樣適用於所有審美感受及其他層面——簡言之，一切構成人性的特質，都與個體社群情感的發展程度密不可分。

讓我們觀察這樣一個自覺身處敵意環境的孩子，他那獨特卻又悲劇性的成長歷程。他對未來不抱希望，並深陷當下的困境。他總是認為自己是最脆弱、最渺小的存在，從未體驗過被愛的感覺。因此，他對自我的評價極低，深受自卑感折磨。你會發現，他難以融入任何社交群體，甚至時常流露出恐懼與焦慮的跡象。所有教育者都能輕易辨識出，這樣的孩子容易出現社會適應困難，同時也顯得格外怯懦。我們不能僅因一個孩子會爬樹，就斷定他具備勇氣——那並非真正的勇氣。真正的勇氣只存在於「有益於社會的層面」（Nützlichkeitseite）。

當你開始觀察一個孩子時，可以先畫一個簡單的示意圖：畫一條垂直線，然後告訴自己——左邊代表孩子的「有益層面」（nützliche Seite），右邊則代表「無益層面」（unnütze Seite）[6]。在右邊的無益區域內不存在真正的勇氣，也無法產生真正的美德，即便某些表現看似具有這些特質。例如，青少年幫派中可能展現某種所謂的俠義精神，但我們絕不能將這類行為視為有益的行動，因為他們的整體立場始終處於無益的範疇。

---

6 阿德勒曾以示意圖形式兩度發表此類模型架構，相關文獻出處注2之引用資料。

讓我們觀察這類孩子離開家庭環境進入學校後的行為模式（如今所有兒童都需要入學，而學校的職責正在於識別並矯正這些問題）。他們會表現出敵意與焦慮，始終憂慮自己得不到公平對待，不斷試圖逃離學校去尋找某個自認為勉強能獲得庇護的場所，還竭力切斷與他人的聯繫。對現行教育體制下的學校而言，這些孩子絕非可造之材——因為他們既缺乏足夠準備，也欠缺強烈的社會情感與自我信念。這類孩子不僅深陷自我懷疑，更對未來徹底喪失信心，這種心理狀態很快就會通過行為表露無遺。入學不過數日，他們便被冠以「問題學生」的標籤。隨之而來的負面評價，不過是再次印證其根深蒂固的認知：學校與他們過往所處的環境毫無二致。他們越發確信這個世界根本是苦難的溫床，唯有憑藉欺詐與狡黠方能避開種種不快，而逃離學校無疑是最佳出路——於是他們的所有行為都朝著這個目標發展。

正如前文所述，這些孩子的能力發展往往早已受到阻礙——但這絕非他們的過錯。他們從未學會遵守秩序，也未曾掌握專注的方法；如今學校卻突然要求他們立即達到這些標準，若無法做到便施以懲處。這就好比從一首樂曲中抽離單個音符，甚至刪除整個小節，卻妄圖評判旋律的優劣。須知，唯有在完整的樂章中，這個小節才具有其真正意義。我們必須先理解孩子生命的整體旋律，方能辨識其中錯音的根源。因此，我們必須採取根本性的處理方式，而非天真地以為只須隨意指派責任——不論是對孩童、成人，乃至整個民族——就能實現教育目的。事實上，所有行為皆有其深層成因，且必然與兒童的整體發展歷程緊密相連。

在最糟糕的情況下，這些孩子的生活發展將極其不幸。他們在學校被視為異類，不斷重複過往的經歷。對他們而言，這個世界似乎只充滿敵意、挑釁與不公。若有人出於善意懲罰這樣的孩子，反而會印證他們的偏見，使他們的世界觀一再被強化。

我不願再進一步追蹤這類孩子的後續生命軌跡，僅須聚焦那個關鍵轉折點——當他們對未來信心盡失、對學業成就的期待徹底幻滅時，那便是滑向社會邊緣的開端。人無法長期忍受自我價值感的全面潰敗，必得尋求出路。於是我們目睹這些孩子逐漸倒向無異的層面，終至成為我們眼中社會適應不良的模樣。此過程反覆重演，實乃必然。我從未見過任何處於社會邊緣狀態的學童，仍對學業成就懷抱希望。這給予我們何等啟示？學校必須成為守護兒童自信的堡壘。然而現實是，這些孩子帶著慘澹的成績單、斥責與懲罰離開校園，自信日益萎縮，卻仍被要求以有用之人的姿態，透過勞動為社會貢獻。他們早已喪失對成就可能性的信仰。若施以職能測驗，便會發現他們較同儕更缺乏經驗、更優柔寡斷，甚至對自身未來陷入存在性迷惘——縱有志向亦無力踐行。這群在職能測驗中注定失敗的孩子，既無現實成就支撐，亦喪失未來視野，面對任何評估都準備闕如。最終，其內心會滋長出一種扭曲的渴求：無論如何，都要向世界證明自己並非一無是處。

這些孩子經常遭受無情的指責，例如：「你將來肯定會作奸犯科、沒出息、一無是處。」這些話深深烙印在他們心中，因為他們本就相信自己成不了氣候。而這樣的言語從四面八方湧來，更加強化了他們的無能感。為了生存、為了擺脫羞恥與屈辱，他們開始逃向「無異」的道路。從在學校時期開始，他們就像躲避仇敵般逃離學校，一有機會就曠課，甚至偽造病假條、篡改成績單，往往還能瞞過父母和老師。當師長說：「你騙不了我！」時，孩子心裡想的卻是：「你道高一尺，我魔高一丈！」他們不再上學，而是流連於社會的邊緣地帶。在那裡，他們遇見比他們更早踏上這條路的人——那些早已摸索出如何在「無異」的領域出人頭地、如何提升自信、證明自己是「真正的男子漢」的前輩。通常，年紀最小的會先被煽動，真正的幕後主使者則隱藏其後，新來的孩子被推到前線，成為與警察周旋的替罪羊。這些孩童從中學到教訓，學會更狡猾地躲避追查。他們持續滯留在「無異」的陣營，因為通往「有用」的道路看似已被封鎖。而這一切不幸的根源，在於他們從未感受到自己是社會的一分子。

治療這些孩子的關鍵，在於重建他們與社會的連結。任何實踐過此方法的人都會發現：當這類孩子獲得新的經驗——有人以「夥伴」而非權威者的姿態與他們相處，並耐心引導他們找到適當位置、建立正確的社會關係時，他們內心會湧現真正的幸福感。然而，這種連結的建立往往被細微卻致命的障礙所破壞。例如：孩子過晚接觸群體生活，以致難以融入同儕；父母雖懷有愛意，卻因自身孤立性格或缺乏陪伴時間，無力協助孩子與他人建立聯繫。家庭生活中還有許多細節都可能成為關鍵錯誤，但只須稍作調整，反而能讓全家人收益。以「全家共餐」為例——我視此為極重要的儀式，但前提是必須將其理解為強化連結的契機。這絕非板著臉、將鞭子擺在桌邊、趁機數落孩子過失的時刻。我特別建議，以共同早餐開啟一日，而非放任家人在不同時段各自進食（有人賴床、有人已匆忙上學）。另外，避免在餐間翻舊帳或討論令孩子厭煩的話題——這只會讓他們暗自祈禱「快點結束吧！」，並摧毀寶貴的共同感。更荒謬的情境是家長在餐間閱讀報紙，因為這會讓孩子困惑：「我究竟為何坐在這裡？」當然，親子連結的建立絕不限於用餐時刻，而是必須持續至孩子能將此能力遷移至他人。正因如此，我主張孩子從三歲起就應逐步接觸社會環境——這對社群情懷的發展至關重要。

母親在兒童建立社會聯繫的過程中扮演著關鍵角色。然而，當母子關係過度緊密時，反而會壓縮兒童與他人建立關係的心理空間。這種排他性的「母子共生體」（Lebenskreis Mutter-Kind）將第三方全然拒斥在外，必然導致孩童被過度寵溺。此類母親憑藉其權威地位（Überlegenheit），自覺地成為兒童唯一的依靠——時刻準備提供幫助、永遠保持警覺，且對所有需求立即響應。她竭力使兒童遠離任何不適，如同守衛般密切監控，剝奪兒童自主發展、自由行動及探索自身能力的機會；由於母親代勞一切，兒童根本無須面對挑戰。這類兒童甚至不必思考或努力，因為母親已為其掃清所有障礙。在此我們觀察到，此類孩童的困境與前文所述類型本質相似——他們同樣被隔絕於更廣闊的社會群體之外。僅累積與母親互動的經驗，而母親在此過程中系統性排除了其他人際接觸。多數情況下，父親會率先察覺這種異常發展，並試圖通過更嚴格的管教予以糾正。但結果如何？結果是兒童愈發黏著母親，對父親產生敵意，甚至徹底拒絕與之互動。因此，父母必須協同制定教育方案，防止兒童被進一步推向單親依附的極端。事實上，父親要重建兒童信任並不困難，但必須認識到這僅是基礎步驟。最終目標在於使兒童能向其他人開放。

焦慮的孩子往往源自過度溺愛的教養環境，因為焦慮本質上是對求助的呼喚——這點在這些孩童身上展現得淋漓盡致。他們的恐懼甚至具象化為肢體依賴，以致無法獨立站立，總須倚靠外物；若母親在場便緊貼其身，一旦母親離開便哭鬧不休。這無疑成為母親的沉重負擔，而這正是錯誤教育方式的反噬。這些孩子已形成錯誤的生活模式，責罰對他們全然無效——無論是當他們故意調皮、抗拒就寢或夜半啼哭時，因為其行為背後的目的始終在於：迫使母親反覆回到身邊。某些孩子甚至因極度恐懼獨處而於睡夢中尖叫，此種「神經質傾向」已屬病理徵兆，必須接受專業治療。同樣的錯誤生活模式，亦常見於遺尿症兒童。對他們而言，尿床是以身體（膀胱）發出的宣告：「我不可被忽視！我需要持續關注與保護！」然而這些孩子往往只招致嚴厲懲戒，遺尿問題卻依然如故。事實上，許多遭受家暴的兒童，其觸發點正是遺尿行為。在這些案例中，總存在一兩個完全背棄文化理性的成人，對孩子施加虐待。解決方法其實並不困難，且能更加人性化。懲罰無法改善他們的情況，關鍵在於理解他們內心深處的強烈不安全感——正是這種不安全感，使他們夜裡向母親尋求庇護，就像那些睡前需要特定儀式的孩子：必須有人替他們蓋好被子、留一盞夜燈，或是讓房門保持微開。這些孩子往往尚未準備好適應學校環境，當他們在學業上表現不佳時，我們又何必感到意外？當這些驚惶哭鬧的孩子被父母硬拉去學校時，若能遇到比預期更友善、更願意理解他們的老師，情況或許還有轉機；否則，他們的處境只會每況愈下。這些孩子經常遲到、草率完成作業、忘記攜帶課本，對課堂內容興味索然。若加以測試，便會發現他們難以集中注意力——他們的記憶力看似衰退，實則正全神貫注於截然不同的事物。他們與同儕關係緊張，唯有遇到特別溫暖且真心關懷他們的人，才能感受到歸屬。

然後我們會觀察到，有些原本順從的兒童突然出現「性格轉變」。因為這些原已被過度縱容的孩子，其需求呈現出持續的膨脹態勢——當母親再也無法滿足他們日益增長的要求時，這些孩子卻仍頑固地堅持實現自己的欲求。最終，他們會發展出對母親發號施令，甚至激烈咆哮的行為模式。此種行為的根源可追溯至早期發展階段，正如母親們常困惑地陳述：「他以前明明很聽話的。」但這真的是孩子的本質改變嗎？絕非如此。只要其願望持續獲得即刻滿足，攻擊性便不會顯現，只是這種狀態越來越難以維持。這類兒童與其他類型的難以管教的兒童相同，在學校環境中需要特定的適應期，以促進其社會性發展並逐步跟上同齡人的步伐。然而現行教育體系對此尚未給予系統性的關注。

我確信，只要人們能從我們這個視角觀察這些孩子，必定會得出相同結論：他們需要的是耐心的引導，需要我們持續關注其困境所在，並協助他們培養自主解決問題的能力。每當聽聞有人用「脫序失控」形容這些孩子時，我眼前總會浮現某個正為他們收拾殘局的身影。而當人們談論某個「愛說謊」的孩子時，我彷彿看見一隻強制按壓在孩子頭頂的手掌——那種令孩子窒息卻無處可逃的壓迫，而謊言不過是他試圖從這種壓迫中掙脫的求生之舉。

在此我們必須將另一類孩童納入考量——那些天生帶有身體缺陷或器官功能較弱的孩子。他們與其他孩童面臨相同的處境：每個微小任務對他們都顯得異常沉重，他們感覺自己成長受阻，視力與聽力不足，某些關鍵機能遭受損害。這類兒童的養育格外困難，他們可能頻繁患、出現痙攣、日夜不得安寧，甚至睡眠紊亂；肺部發育不全使他們長期處於體弱狀態。在此情況下，孩童的虛弱感會因生理條件而極度放大。然而，無論哪一類的兒童都會奮力克服這些障礙。我們發現，許多偉大畫家患有視覺缺陷，傑出音樂家常有天生的聽覺障礙，而非後天形成。貝多芬、布魯克納（Bruckner）等皆是顯例。他們非但未被困境擊垮，反而在抗爭過程中淬鍊出嶄新的力量。不少畫家甚至有色覺異常或色盲問題，卻仍創造出最高藝術成就。若細察其畫作，會驚異於他們對色彩微妙差異的掌控力，這正是勇於抗爭而非屈服所鑄就的成果。由此可見，兒童的缺陷在某些情境下可能轉化為優勢，但關鍵在於我們絕不可摧毀其勇氣。倘若我們削弱他們的鬥志，無異於將其推向最殘酷的命運。若更深層次思考，你會發現這些原則不僅適用於兒童，同樣適用於成人，乃至整體社群與民族。當領悟這點時，便能洞察其中渾然天成的整體性（Einheit）。

我們期待教育者和家長能引導孩子將努力導向有益的方向，而非扼殺他們奮鬥的勇氣。這兩項要求正是我們對教育工作者提出的核心訴求。

這顆星球只容得下勇敢而自信的人生存。它僅會給予那些能與世界和諧共處、不畏懼困境，反而奮力克服困境的人機會。因此，從這種人與地球、人與人之間不可分割的連結，以及兩性關係這第三重維度中，我們得以推衍出正確的基本準則——這些準則指引著我們的生活、行為、生活模式的建構，以及個人發展的正確方向。我們只應接納那些承認這種根本連結的原則。這些原則必須能幫助一個人成為真正的地球公民，成為社會的合格成員，並以智慧的方式引導他解決自己的人生課題。

與會者提問：

1. 兒童社會適應困難的問題是否可能源於遺傳？
2. 在廢除體罰的前提下，能否將常規兒童與「難教養兒童」混合教育？此種安排是否恰當？抑或應分設特殊班級？
3. 資優兒童是否需要獨立編班？

針對第一個問題之回應：

假若真存在因遺傳而走向社會邊緣的兒童，那麼教育事業——特別是對這類兒童的教導——將失去意義。然而，從未有實證能確認某種遺傳劣勢足以正當化「此童無可挽救」的斷言。實務上，每當教育者束手無策時，「不良遺傳」便成了現成的託辭。我的觀察是：某些遺傳條件極差的兒童，最終卻成為卓越之人；反之，亦有遺傳優越者墮入歧途。即便教育者堅信遺傳決定論（暫不考慮先天嚴重缺陷者），認為自身努力徒勞，我仍會建議他：讓其他秉持不同觀點者試試。固然總會有傾盡全力仍難見成效極端案例，但倘若遺傳果真具備絕對支配力，那麼我更確信，無論遺傳優劣，教育者皆能取得可接受的成果。換言之，遺傳優劣也同樣無礙於我們摧毀一個兒童。因此，遺傳的影響力遠低於當代主流認知，特別是醫學觀點常缺乏教育學的洞察力。當然，遺傳與孩童發展的關聯性不容否認：先天器官缺陷（遺傳劣勢的具體表現）確實可能加劇兒童的自卑感。此發現是教育科學的重要成就，亦為我們思想體系的基石。但必須理解這是一種相對性關聯：遺傳劣勢者若處於優質環境，其表現至少可比肩遺傳優勢者於惡劣環境中的水準；反之，若先天體質孱弱又逢環境險惡，再缺乏適切教育，那麼教育不僅徒勞，最終成效必然低下。但教育者不應採納遺傳決定論的立場，因為教育工作者的核心使命在於內化並傳遞一種積極的行動樂觀主義給兒童。在歸咎遺傳而放棄兒童之前，請先務必實踐我們的方案。

針對第二個問題之回應：

是否應該讓難教養的兒童留在普通學校？在家庭中，父母通常別無選擇。因此，這個決定必須取決於問題的嚴重程度。在極端情況下，特殊教育是必要的。某些嚴重適應不良的孩子並不適合普通學校的環境。有時，我們甚至必須暫時讓他們離開家庭，以便在更合適的環境中接受教育與引導。

第三個問題的答案：

正如各位從我的論述中可以察覺的，我並不認同「天賦」這一概念。所有的成就都是個人努力與環境互動的結果。正如歌德所言：「天才或許不過是持續不懈的勤奮！」[7]只要是一個心智正常的孩子，都能夠達到學校與日常生活所要求的水準。倘若依照「給予優秀者自由發展空間」這句看似美好的口號，將學生劃分為「有天賦者」與

7 此處阿德勒可能援引了歌德的《威廉・邁斯特的學習時代》（*Wilhelm Meisters Lehrjahr*，1796/1981，第572頁）中的一段話。然而，歌德在該段落中並非意指「天才僅源於勤奮」，而是強調即使是天才也必須付出相當程度的努力，方能使其天賦得以充分發展。

「無天賦者」，最終往往會導致失敗——這一點，在那些所謂的「天才班」實驗中已得到充分印證。

我想提醒教育工作者注意一個關鍵問題：過度強調天賦的教養方式可能產生危險後果。當我們使孩子確信自己「有天賦」時，往往會誘發其怠惰傾向，甚至滋長傲慢心態——這種人格特質對社會適應毫無裨益。然而更嚴峻的問題在於：這類孩童日後遭遇人生困境時，將表現出「對失敗的恐懼」遠勝「對成功的渴望」；隨之而來的猶豫不決、自我懷疑可能演變為神經質症狀，最終導致發展停滯。試觀那些「神童」的命運軌跡，多數結局往往不佳。此外在另一面向，所謂「缺乏天賦者」的判定本身即值得商榷——我根本質疑「天賦缺失」的實質存在。正因如此，我堅決反對將學童區分為「資優」與「普通」兩類，此種分類不僅徒勞無功，更將造成雙重傷害：既無法實質提升前者，卻必然損害後者的心理發展。

我們必須學會將孩子視為平等的個體。對於那些本能地認同平等價值的人而言，這一點更容易做到；而缺乏這種平等意識者，則很難真正以夥伴關係與兒童相處。而此種平等關係，恰是教育工作的先決條件。整個教育的核心任務在於引導兒童將與生俱來的自卑感轉化為建設性方向，使其專注於社會有益層面。而實現這一點，必然包含平等意識的建立。我從不相信所謂兒童「有天賦」或「無天賦」的二分法，只相信教育者的能力。

國家圖書館出版品預行編目資料

阿德勒論兒童教育 / 阿爾弗雷德・阿德勒（Alfred Adler）著 ; 彭菲菲譯. -- 初版. -- 臺北市 : 商周出版, 城邦文化事業股份有限公司出版 : 英屬蓋曼群島商家庭傳媒股份有限公司城邦分公司發行, 2025.08
面 ; 14.8×21公分
譯自 : Schriften zur Erziehung und Erziehungsberatung.
ISBN 978-626-390-606-8（平裝）

1. CST:阿德勒（Aoller, Alfred, 1870-1937）
2. CST: 學術思想 3. CST:教育心理學
4. CST:兒童心理學

521 114009329

線上版讀者回函卡

阿德勒論兒童教育

原著書名 / Schriften zur Erziehung und Erziehungsberatung
作者 / 阿爾弗雷德・阿德勒（Alfred Adler）
譯者 / 彭菲菲
企劃選書 / 林宏濤
責任編輯 / 陳薇

版權 / 吳亭儀、游晨瑋
行銷業務 / 周丹蘋、林詩富
總編輯 / 楊如玉
總經理 / 賈俊國
事業群總經理 / 黃淑貞
發行人 / 何飛鵬
法律顧問 / 元禾法律事務所 王子文律師
出版 / 商周出版
城邦文化事業股份有限公司
台北市南港區昆陽街 16 號 4 樓
電話：(02) 2500-7008 傳眞：(02) 2500-7579
E-mail：bwp.service@cite.com.tw
發行 / 英屬蓋曼群島商家庭傳媒股份有限公司城邦分公司
台北市南港區昆陽街 16 號 8 樓
書虫客服服務專線：(02) 2500-7718・(02) 2500-7719
24 小時傳眞服務：(02) 2500-1990・(02) 2500-1991
服務時間：週一至週五 09:30-12:00・13:30-17:00
劃撥帳號：19863813 戶名：書虫股份有限公司
讀者服務信箱 E-mail：service@readingclub.com.tw
城邦讀書花園 網址：www.cite.com.tw
香港發行所 / 城邦（香港）出版集團有限公司
香港九龍土瓜灣土瓜灣道 86 號順聯工業大廈 6 樓 A 室
電話：(852) 2508-6231 傳眞：(852) 2578-9337
E-mail：hkcite@biznetvigator.com
馬新發行所 / 城邦（馬新）出版集團 Cité (M) Sdn. Bhd.
41, Jalan Radin Anum, Bandar Baru Sri Petaling,
57000 Kuala Lumpur, Malaysia
電話：(603) 9057-8822 傳眞：(603) 9057-6622

封面設計 / 李東記
內文排版 / 新鑫電腦排版工作室
印刷 / 韋懋印刷事業有限公司
經銷商 / 聯合發行股份有限公司
電話：(02) 2917-8022 傳眞：(02) 2911-0053
地址：231 新北市新店區寶橋路 235 巷 6 弄 6 號 2 樓

■2025年8月初版
定價 430 元

Printed in Taiwan
城邦讀書花園
www.cite.com.tw

ISBN 9786263906068
EISBN 9786263906051（EPUB）